赢家之道 3

——主升浪战法

沧桑战神 著

地震出版社
Seismological Press

图书在版编目（CIP）数据

赢家之道.3，主升浪战法/沧桑战神著.—北京：地震出版社，2021.8
ISBN 978-7-5028-5244-3

Ⅰ.①赢… Ⅱ.①沧… Ⅲ.①股票投资-基本知识 Ⅳ.①F830.91

中国版本图书馆 CIP 数据核字（2020）第 234733 号

地震版　XM4751/F(6019)

赢家之道3——主升浪战法

沧桑战神　著
责任编辑：范静泊
责任校对：凌　樱

出版发行：地震出版社
北京民族学院南路9号　　　　　邮编：100081
发行部：68423031　68467991　　传真：68467991
总编办：68462709　68423029
证券图书事业部：68426052
http：//seismologicalpress.com
E-mail：zqbj68426052@163.com

经销：全国各地新华书店
印刷：北京盛彩捷印刷有限公司

版（印）次：2021年8月第一版　2021年8月第一次印刷
开本：787×1092　1/16
字数：216千字
印张：12
书号：ISBN 978-7-5028-5244-3
定价：50.00元

版权所有　翻印必究
（图书出现印装问题，本社负责调换）

前　　言

　　人的一生是有限的，无论你是所谓的"股神"还是普通股民，在这方面都是平等的；无论你是价值投资者还是短线投机者，时间都是公平的，每个人在时间面前都是平等的。想在较短的时间内获取较高的收益，在一些人看来或许是一种急功近利的行为，但面对有限的生命，这又是不得不考虑的问题，毕竟价值投资也要有时间限定，100年后的事情通常投资者不会去考虑，因为那些事都属于身后事了。

　　捕捉主升浪或许可以称为投机行为，但又不同于普通的短线投机。从某个层面上说，这种操作更像是一种趋势投机，它不那么容易，不要轻信抓取主升浪如探囊取物一般的说辞；但它也不那么难，它是有章可循的，只要脚踏实地的坚持去做，相信会有所收获。

　　本书所要做的就是为投资者的操作提供一种参考，不要相信这本书能让你成为富人，但这本书能为你提供一种持续稳健盈利的方法和视角，可能成为你账户资产不断增长的基石，读完这本书你或许能增添些信心。

　　浮华散去始见金。夜深人静的时候读读这本书，你或许会有收获。

　　《赢家之道3——主升浪战法》是笔者用心写的一本书，反复推敲，数载乃成，请静下心来喝杯茶、喝杯咖啡，慢慢地读下去，无论是好评或差评，请认真读过之后再下评论。

沧桑战神

目　　录

第一章　成功的奥义 ……………………………………………（ 1 ）

　　第一节　成功的奥义 …………………………………………（ 2 ）

　　第二节　大资金的命门 ………………………………………（ 4 ）

第二章　主升浪底部多维解析 …………………………………（ 7 ）

　　第一节　底部弱结构 …………………………………………（ 8 ）

　　第二节　底部强结构 …………………………………………（ 12 ）

　　第三节　底部量能结构 ………………………………………（ 15 ）

　　第四节　底部时间结构 ………………………………………（ 18 ）

第三章　主升浪底部建仓结构 …………………………………（ 21 ）

　　第一节　楔形结构 ……………………………………………（ 22 ）

　　第二节　平行结构 ……………………………………………（ 24 ）

　　第三节　斜上结构 ……………………………………………（ 27 ）

　　第四节　斜下结构 ……………………………………………（ 30 ）

　　第五节　混合结构 ……………………………………………（ 33 ）

第四章　建仓和出货的区别 ……………………………………（ 39 ）

　　第一节　盘面 …………………………………………………（ 40 ）

　　第二节　K 线 …………………………………………………（ 45 ）

　　第三节　速率 …………………………………………………（ 48 ）

　　第四节　股东户数 ……………………………………………（ 52 ）

　　第五节　量能结构 ……………………………………………（ 56 ）

第五章　内生增长 ………………………………………………（ 59 ）

　　第一节　跨越牛熊 ……………………………………………（ 60 ）

　　第二节　护城河 …………………………………………（66）
　　第三节　企业的成长性 …………………………………（71）

第六章　主升浪起爆点 …………………………………（75）

　　第一节　因缘际会：常识之美 …………………………（76）
　　第二节　区间震荡缩窄至极致 …………………………（80）
　　第三节　均线多周期共振排列 …………………………（83）
　　第四节　MACD 二次金叉 ………………………………（90）
　　第五节　涨停多方炮形态 ………………………………（93）
　　第六节　分时攻击性结构 ………………………………（96）
　　第七节　板块整体启动 …………………………………（99）

第七章　主升浪买点 ……………………………………（101）

　　第一节　最优买点 ………………………………………（102）
　　第二节　最稳买点 ………………………………………（108）
　　第三节　结构买点 ………………………………………（110）

第八章　主升浪架构 ……………………………………（113）

　　第一节　主升浪的量能结构 ……………………………（114）
　　第二节　主升浪的 K 线结构 ……………………………（119）
　　第三节　大话主升段 ……………………………………（122）

第九章　主升浪之调整结构 ……………………………（123）

　　第一节　调整的起点 ……………………………………（124）
　　第二节　调整的量能结构 ………………………………（130）
　　第三节　调整的空间结构 ………………………………（133）
　　第四节　调整的终结 ……………………………………（136）

第十章　主升浪之冲顶 …………………………………（141）

　　第一节　冲顶前的先兆（上） …………………………（142）
　　第二节　股价冲顶的先兆（下） ………………………（145）
　　第三节　冲顶时的量能结构 ……………………………（148）

第十一章　主升浪之终结 …………………………………………（151）

  第一节　主升浪涨幅 ……………………………………（152）
  第二节　结构破坏 ………………………………………（156）
  第三节　放量暴跌 ………………………………………（160）

第十二章　全局尽在掌握 …………………………………………（163）

  第一节　最强节奏感 ……………………………………（164）
  第二节　花儿别样红 ……………………………………（172）

第十三章　交易心理强化 …………………………………………（175）

  第一节　勇敢 ……………………………………………（176）
  第二节　务实 ……………………………………………（177）

后　　记 ……………………………………………………………（179）

第一章

成功的奥义

把握大资金的运作命门,建立自己的技术分析结构体系,这才是中小投资者长期稳健获利的关键。

第一节　成功的奥义

请耐心阅读本章节内容，它绝不是无谓的说教。我没那时间，也没那爱好。我在股市中失败过很多次，曾几次濒临破产，痛不欲生，在付出了惨痛的代价之后，我得到了一点经验，写出来供读者朋友们参考。

散户的爱是泛滥的，但这种爱只留给迷人的个股，散户痴迷的眼神永远只停留在那些涨停、连续涨停的个股身上，而且这种爱大多时候是短暂的。当连续大涨的个股的走势一旦变成出货走势之后，这种爱就消失了，眼中的"西施"就成了"如花"。这就是股市中"花心"的最佳注解。

其实说白了，中小投资者大多是被一种贪欲牵引，其操作是被动的，看谁走势好或因为喜欢就买入，没道理可讲。如果买卖没有一种深层次理念作为支撑，操作就很有可能是随波逐流了；而当操作随意时，结果可能就要为你的随意买单。可能就是奔驰变成桑塔纳，牛奶、鸡蛋变成咸菜、泡面。

不要为失败找太多借口，股市中也是如此。在同样的地方摔倒多次还有什么借口？股市中失败有技术因素，也有心理因素，但恐怕不只是技术和心理因素。那还有什么？那就是构建于长期技术操作习惯和心理认知结构之上的深层次的理念问题，这才是决定成功的关键，是操作成功的基石。投资者在操作前最应该具备的是什么？他们需要具备一种支撑自己在长期、多次操作中立于不败之地的理念。

巴菲特很少失败，那么他的价值投资理念是什么？他的投资理念是在1个价值5元的东西跌到3元时再买。你瞧，巴菲特多聪明，用这样的理念去支撑其投资行为，试问，失败概率几何？答：很少。巴菲特是一个聪明的投资者，现在能明白巴菲特为什么那么崇拜格雷厄姆了吧？因为格雷厄姆是一个真正的大宗师，是一个拥有深邃投资理念的大宗师。

普通的散户想要建立完备的价值分析体系难度较大，甚至即便具有较强的价值分析能力，在A股这样一个还不是很成熟的市场，如果碰到一个财务数据不够真实的公司，那恐怕也有投资彻底失败的可能，所以，中小投资者仅依靠价值分析理念就想在 A 股市场稳健盈利并非易事。

那有没有这么一种理念：它依托于技术走势架构，但又高于技术分析架构之上；它有很大概率获利，只有极小概率亏损，而且即便出现亏损，其亏损幅度也会较小、被套时间也相对较短。如果有这样的操作理念支撑起稳固的操作模式，那么稳健获利将成为可能。

在这里，让我们一起去探寻吧！

第二节　大资金的命门

什么是大资金呢？对个股而言，大资金是指握有大量筹码和现金，对股价走势具有推动和引导作用的规模化资金。它有时看得见，有时却又虚无缥缈；它走时山崩海啸，来时却悄无声息，但绝大多数散户能清晰地感觉到盘面确有这么一种力量，它能引导推动股价走势，甚至可以这么说，在某种程度上，它对股价短线走势甚至中长线走势具有决定作用。

为什么大资金在大多时候会获利？因为大资金把散户研究透了：股票的价格再高都有散户去追，股票的价格再低都有散户去卖，把宝石卖成白菜价的也屡见不鲜，所以从某种意义上讲，大资金操盘成功有一种必然性，因为他始终把握着散户的命门。

既然大资金那么牛，那么它有没有命门？《孙子兵法》曰：攻其所必救。只要抓住了大资金的命门，获利即使不是一种必然，至少也是大概率的。

那大资金的命门在何处？

从图1-1中可以看出，即便在箭头所示的几处高位追涨买入了股票，问题也不是很大，后续走势中也给了解套的机会。注意，如果出现这种情况，千万不要自恋，不要以为主力有多好，人家不抛弃你那是有原因的，因为你无意中很可能抓住了大资金的命门，所以很可能是人家想抛弃你却办不到。

说明：图中倒数第二行显示了走势的时间段，以后本书在图形注释中不再专门标注时间，读者朋友们可以看图中所示的时间段；图中第二行左侧位置有股票的走势时间单位，如日线、周线等，在这后续图形中也不再专门标注。这些信息和数据与你用的行情软件相一致。

从图1-2中可以看出，如果买在了图中箭头处，那可不是什么开心的事，这位置即便你是西施，估计主力也不会去救你；如果你被套，那有可能会被套上几个月或几年。

图1-1 中潜股份（300526）2018—2019年日线

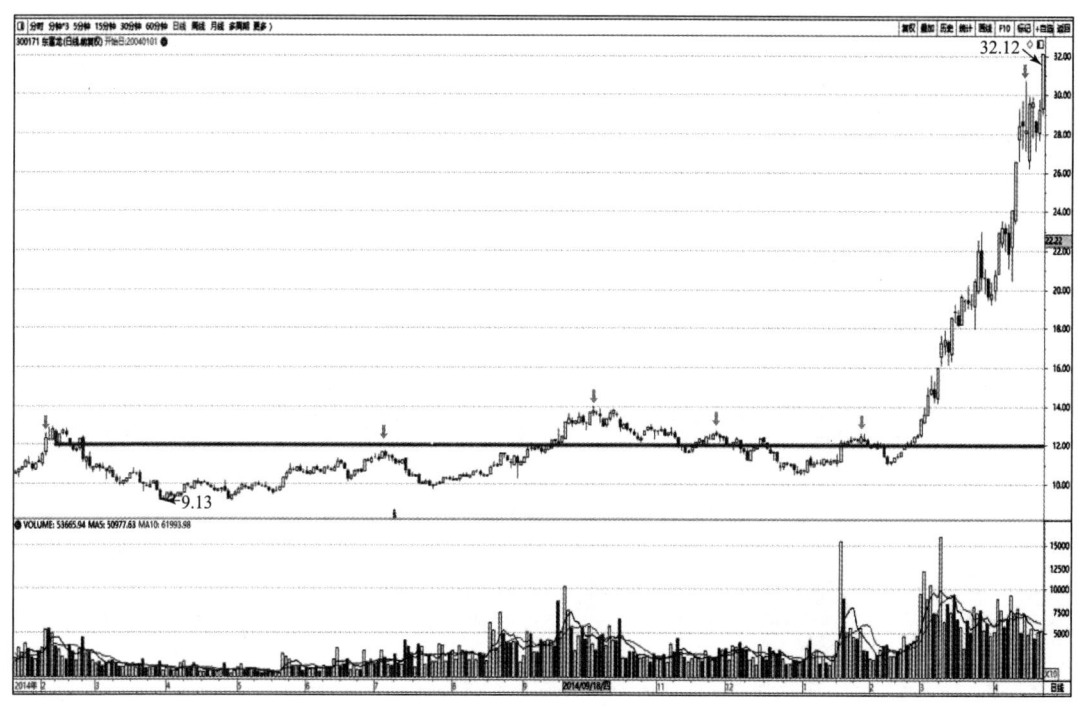

图1-2 东富龙（300171）

通过上面两个案例，我们可以看出：对个股走势来说，在有些位置被套那压根不是个事；但在有些位置一旦被套就真摊上大事了，为什么会如此？

在这两幅图中，我用粗横线标注了大资金的命门，在主力命门位置附近操作是相对安全的，在远离命门线位置操作那是极度凶险的，位置太高，最要担心的是主力出逃，作为散户一定要明白，大资金一旦卸货，即便你在原处傻傻地等，他也不会回来。

问题来了，如何才能精准拿捏大资金的命门？

请看第二章。

第二章
主升浪底部多维解析

从底部结构强弱、底部量能结构和底部时间结构三个方面做了深入探究,力求从总体轮廓上能让读者快速识别出主升浪的底部。

第一节 底部弱结构

道德经有言:"合抱之木,生于毫末;九层之台,起于累土"。可见,根基对事物的发展有多么重要,踮着脚尖是走不远的,所以根基不稳固很可能带来灾难性的后果。在股票操作中也是如此,对底部弱结构的股票要非常谨慎。

如果股票底部单薄,那么其向上扩展的空间往往较小,这和树木生长是同样的道理。所以,操作股票时一定要注意,从职业投资者的角度来看,底部弱结构的股票最好不要碰,而且这应该作为一项操作纪律来对待。

如果大资金在底部建仓区间所用的时间较短,收集的筹码可能就不多,这样的底部一般称为底部弱结构(图2-1)。如果是底部弱结构,那么后市涨幅一般不会太大。

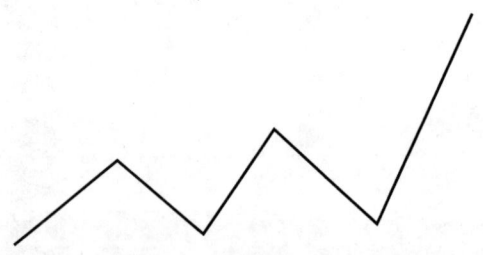

图2-1 底部弱结构示意图

如图2-2和图2-3中矩形处所示,建仓时间较短,突破底部区间之后没几天就卸货了。这种情况比较麻烦,因为一旦追高被套,那谁也拿不准何时能解套,因为建仓的大资金十有八九已经逃了。此时该怎么办?止损,疼;不止损,可能会更疼。或者痴痴地等,但如果没有大资金再次建仓,难道那要等到海枯石烂?

建仓时间比较短,拉升高度也就不要指望太高,矩形处也属于底部弱结构,后续图形走成那样也就不足为奇了。如果突破后介入,可能也就得到"三瓜两枣",而且这还要在眼疾手快的情况下。

实例参见图2-2和图2-3所示。

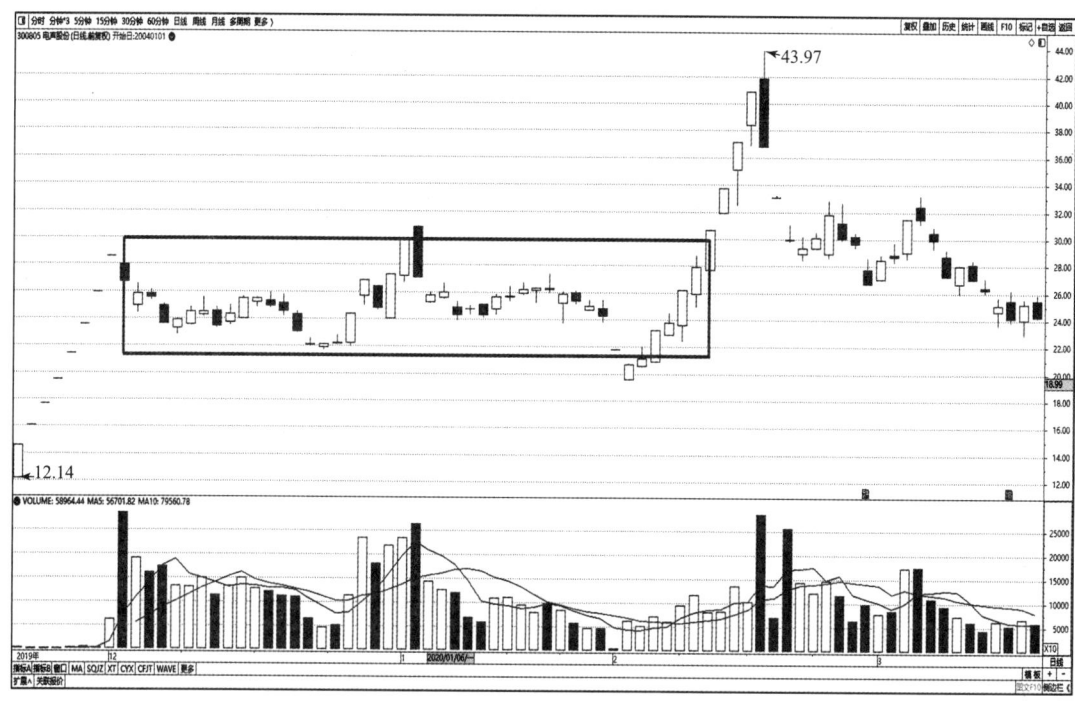

图 2-2 电声股份（300805）

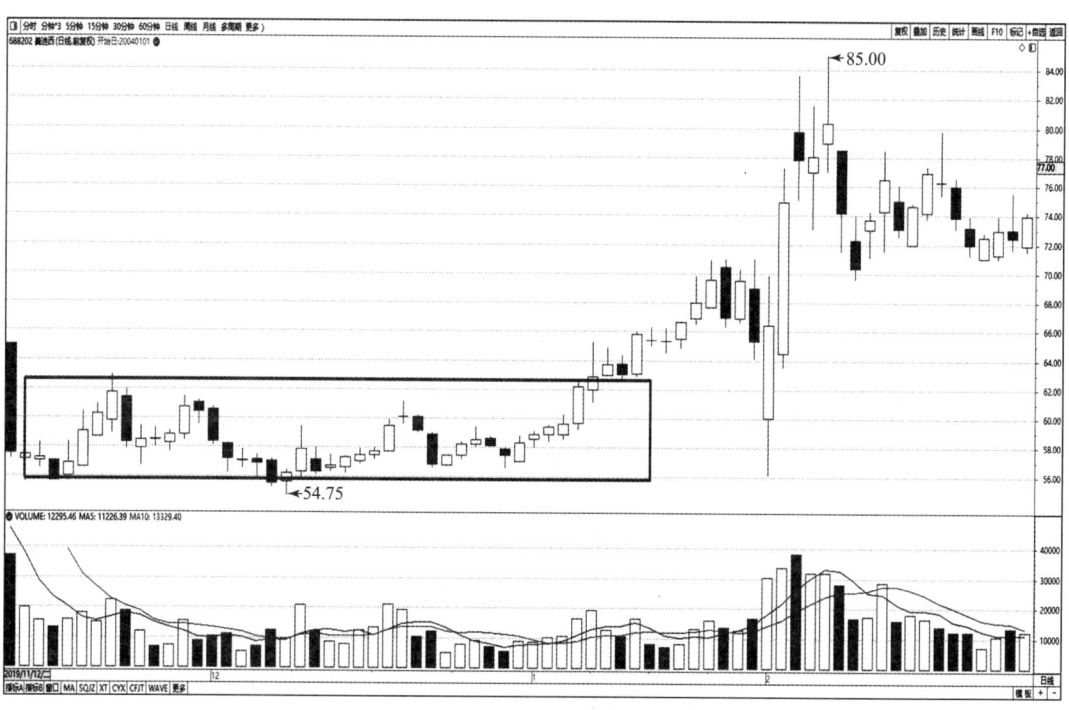

图 2-3 美迪西（688202）

底部弱结构的股票拉升幅度较小，这算是潜在的不足之一，但更为重要的不是这个。那么更为重要的是什么？应是底部弱结构的股票往往上涨时间较短，但跌起来时下跌速度会非常快。对一些介入其中的投资者来说，这就造成了纠错时间极短，有时还不及细细考虑，可能就已经遭受了很大损失。如图2-4所示。

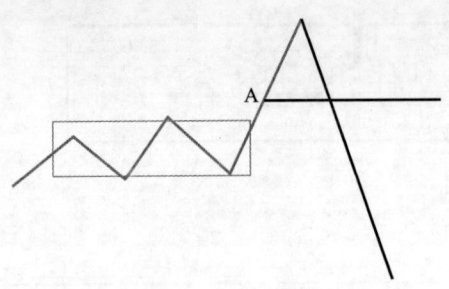

图2-4 底部弱结构的股票拉升示意图

这里非常有必要细究一下底部弱结构的股票，但在说之前必须先说点儿别的。

必须先聊一聊K线。在很多中小投资者眼中，把K线走势看得太重要、太神秘了，好像其中隐藏了什么高深的东西。其实这是不正确的，K线只是一个表示股价走势的符号系统，是个符号，真的不复杂。在很多中小投资者眼中，把K线看得太复杂，进而造成了很多不必要的麻烦。有些生活中的聪明人、商界中的精英，到了股市就因为看不懂K线走势，把K线走势当成了太过神秘的东西而丧失了判断事物发展的基本常识，这真的很可怕，究其根本原因就是把简单的事搞复杂了。

明白了这事之后，我们再回来细究下底部单薄的股票为啥不靠谱。底部单薄的股票因为大资金底部筹码少，筹码上就很简单了，拉几杆子出货就行了。所以，行情短、出货快就是其节奏，这和摆摊卖豆浆的大妈类似，就那么些豆浆，吆喝着卖出去就成了。这就是生活中的常识，手中的货少，所以出货容易，不会为此过多投入，更不会想长久的事。明白了吗？得把K线、把股票这么理解，要以普通老百姓过日子的角度、要以商人做生意的角度来读K线，把看似复杂的事情还原成简单的东西之后，就豁然开朗了。

实例参见图2-5所示。

知其弱，则明其强，底部弱结构既然不符合主升浪的标准，那主升浪真正需要的底部强结构是什么呢？

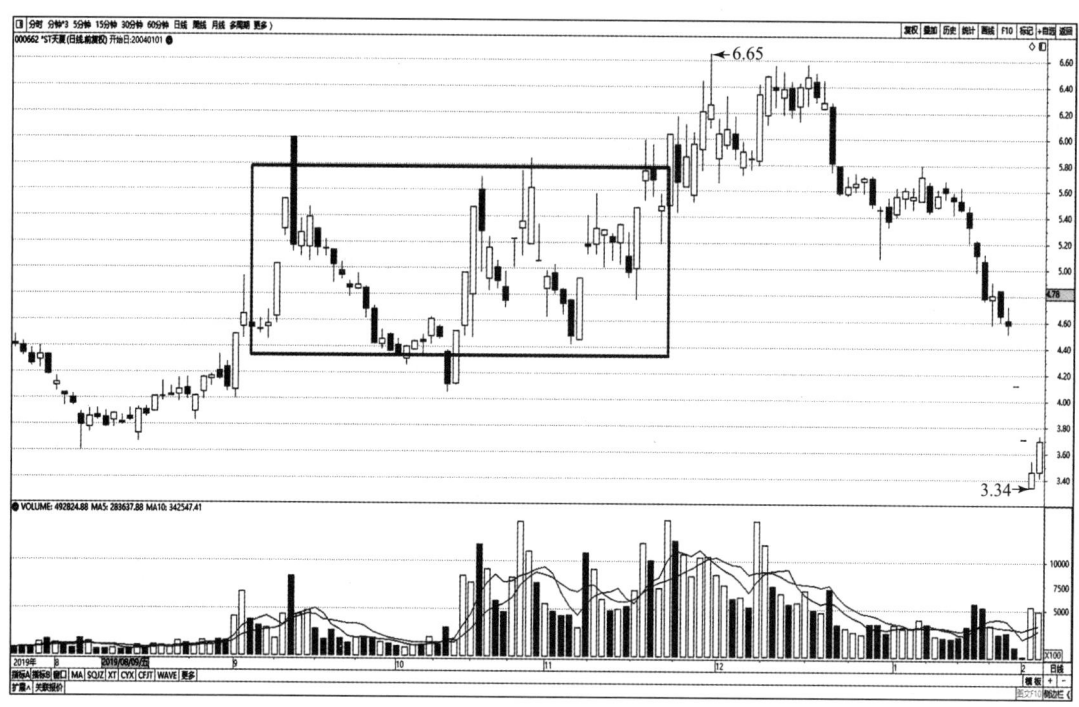

图 2-5 天夏智慧（000662）

第二节 底部强结构

哲学家尼采曾说过："其实人跟树一样,越是向往高处的阳光,它的根就要越向更深的土壤里伸展"。根基雄厚才能一鸣惊人,人和树如此,股票也是如此。

如果大资金底部建仓时间比较长(一般在1年以上),底部结构具有相当的空间广度和时间跨度,底部厚实而稳固,这样的底部结构称为底部强结构。如图2-6所示。

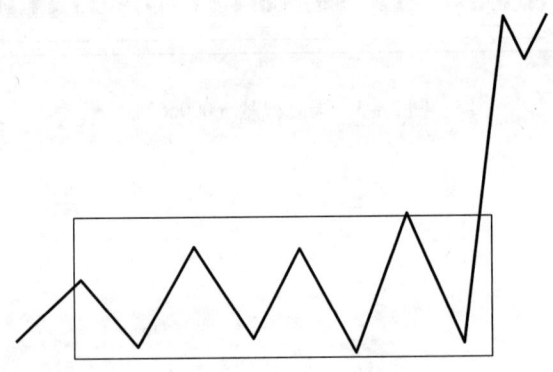

图2-6 底部强结构示意图

需要特别注意的是,这里的底部强结构包括常说的"横有多长,竖有多高"那种情况,但又不仅仅指那种结构,而且"横有多长,竖有多高"这种说法有很大的缺陷,其中的一种情形可能就是横的越长跌的越深,在后面底部结构中的量能结构和时间结构中对此会有深入探讨。

这里还是要再次明确底部强结构的技术要点:

(1)大资金建仓时间较长,一般来说建仓时间要求1年以上。

如图2-7所示。图道恩股份(002838)周线,建仓时间为2017年3月至2020年1月,这种结构类型的个股涨幅往往可能比较大。

图 2-7 道恩股份（002838）周线

（2）底部比较稳重、坚实。

诚迈科技（300598）周线如图 2-8 所示，底部多次触及，K 线在底部

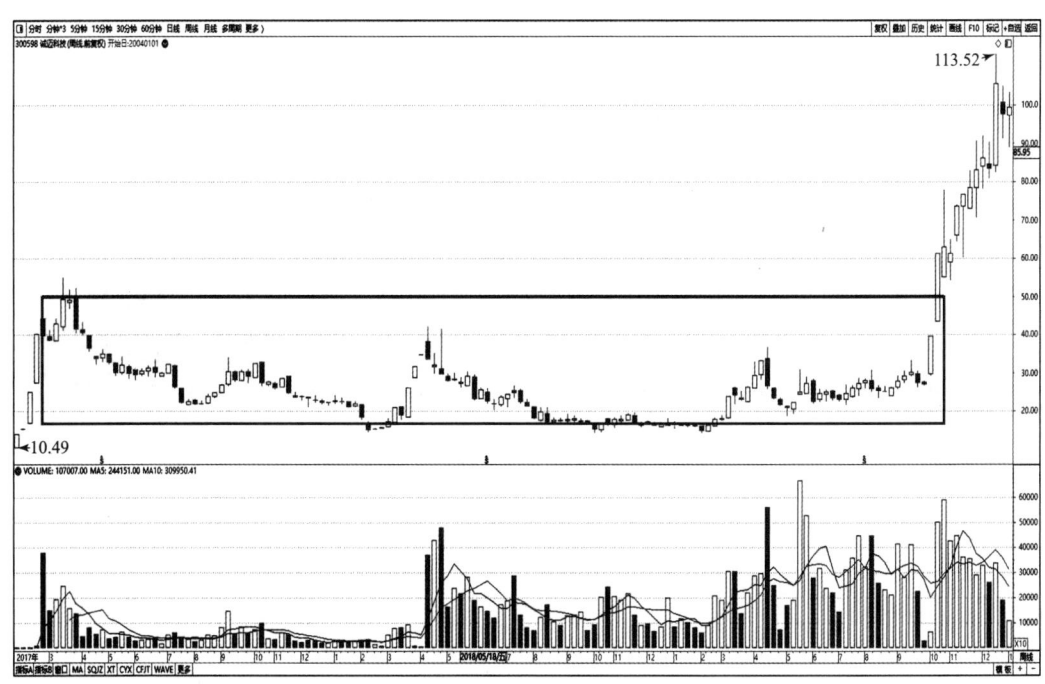

图 2-8 诚迈科技（300598）周线

有密集重叠区域，底部筹码堆积、沉淀的非常多，支撑力道预计超强类型，很难跌破，主力命门在此。

这里细究下底部强结构。底部强结构说得通俗点就是大资金花费了很多金钱、很多时间，收集了很多筹码，不赚得多一点，那主力就对不起自己，所以后市上涨幅度也往往很大。

底部强结构的股票，其优点不只是上涨幅度大，由于底部强结构的股票大资金底部低位收集的筹码非常多，故需要在高位反复震荡出货，这就给了散户较长时间的自我纠错时间。

如图2-9所示，为星期六（002291）日线图。其为底部强结构，股价高位持续时间很长，反复震荡卸货，给散户思考的时间很充裕，面对巨量成交的数根高位阴线，一般都能对大资金的思路能看出个大概。

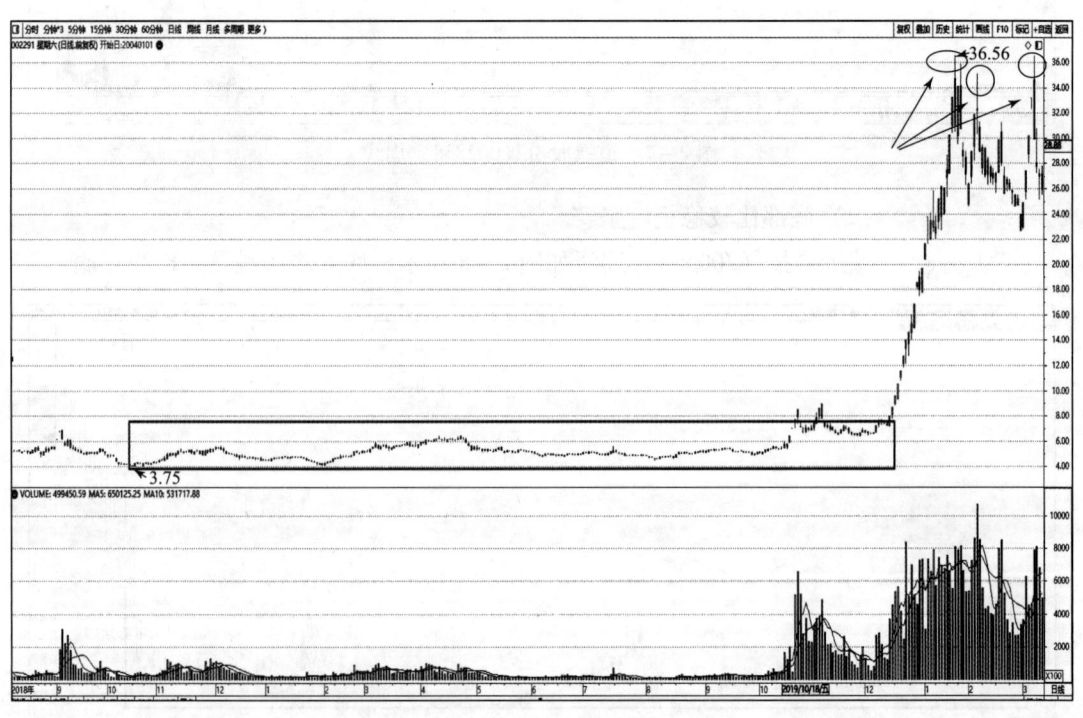

图2-9　星期六（002291）日线

第三节 底部量能结构

主升浪的底部量能结构具有唯一性，那就是必须"上涨放量、下跌缩量"，没有例外，否则就不是真正的建仓状态。

通过图 2-9 和图 2-10，我们能清晰看到，主升浪底部建仓区间呈现出明显的上涨放量、下跌缩量的特点，只有呈现出这样的特点，我们才能辨识出大资金已经入场，否则就是忽悠。对股票走势来说，只有主力投入真金白银后市才可有所期待，否则就可能是个坑。

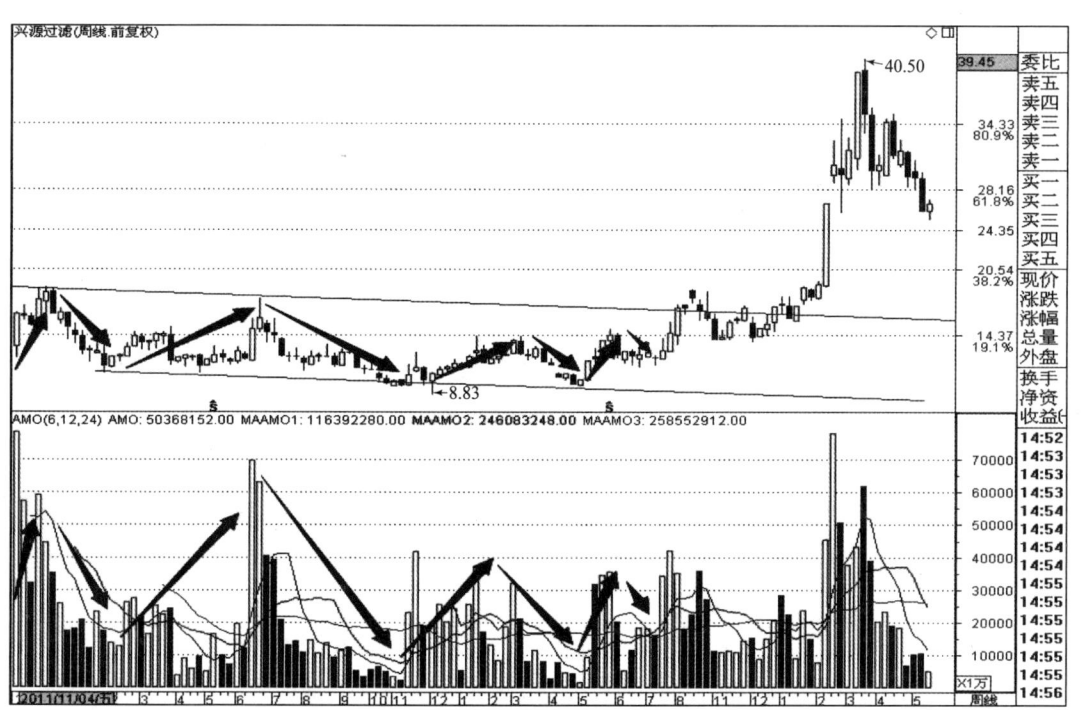

图 2-9　兴源过滤（300266）周线

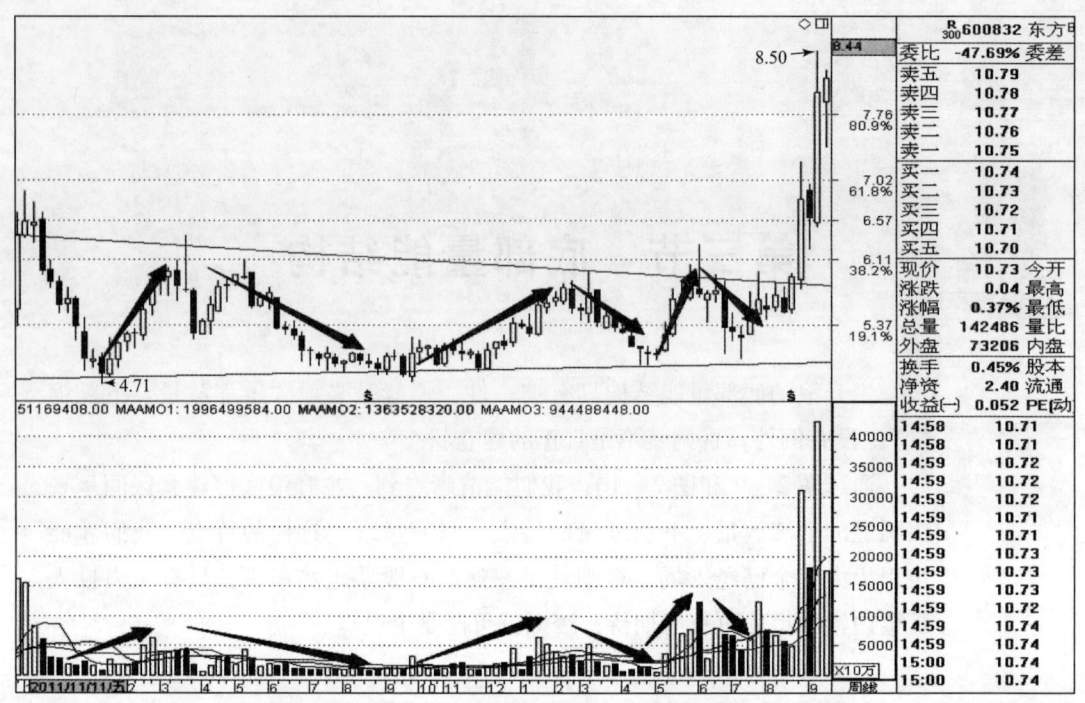

图 2-10　东方明珠（600832）周线

这里要深谈一下，还是老话，不要把 K 线看得太过复杂，它其实非常简单，仅仅是个股价走势的符号系统，再聪明人的一旦把 K 线走势神秘化就容易变成傻瓜，从而丧失了最基本的生活常识。这一点很重要，这么多年来，我感到太多人都犯了这样的错误，很多其他行业的精英，一旦到了股市就晕头转向了。

继续深究下，量能结构上之所以要求上涨必须放量、下跌必须缩量，是因为上涨时主力在买筹码，下跌时主力在卖筹码，在一个回合的买卖完成之后，必须要求主力手里还有筹码节余，筹码节余的才是真正在建仓。通过底部区间多回合的上涨放量、下跌缩量，筹码才会不断地在主力手中聚集，主力手里有了筹码才会有了拉升的动力，这才是问题的关键所在。

再举一个案例，如图 2-11 所示。

这也是一个横盘区间，前面曾聊过——底部强结构包括通常说的"横有多长，竖有多高"这种情况，但又不仅仅指这种结构，而且"横有多长，竖有多高"这种说法有很大的缺陷，其中的一种情形可能就是横的越长跌的越深。

图 2-11 就是这种情况。这种横盘后面会有很大的涨幅吗？不是说"很有多长、竖有多高"吗？错了，看图中夸张的放量下跌走势，还在期待

后市大涨？横盘了那么久，如果从89元附近（除权前的价位）的位置下来后不继续跌个30%~50%，就算奇迹。这不是低位建仓区间，上涨缩量、调整放量。

面对主力，散户要想成功，就必须对主升浪战法的每一个细节都研究透彻，后面的章节会对建仓和出货的区别进行深入探讨。

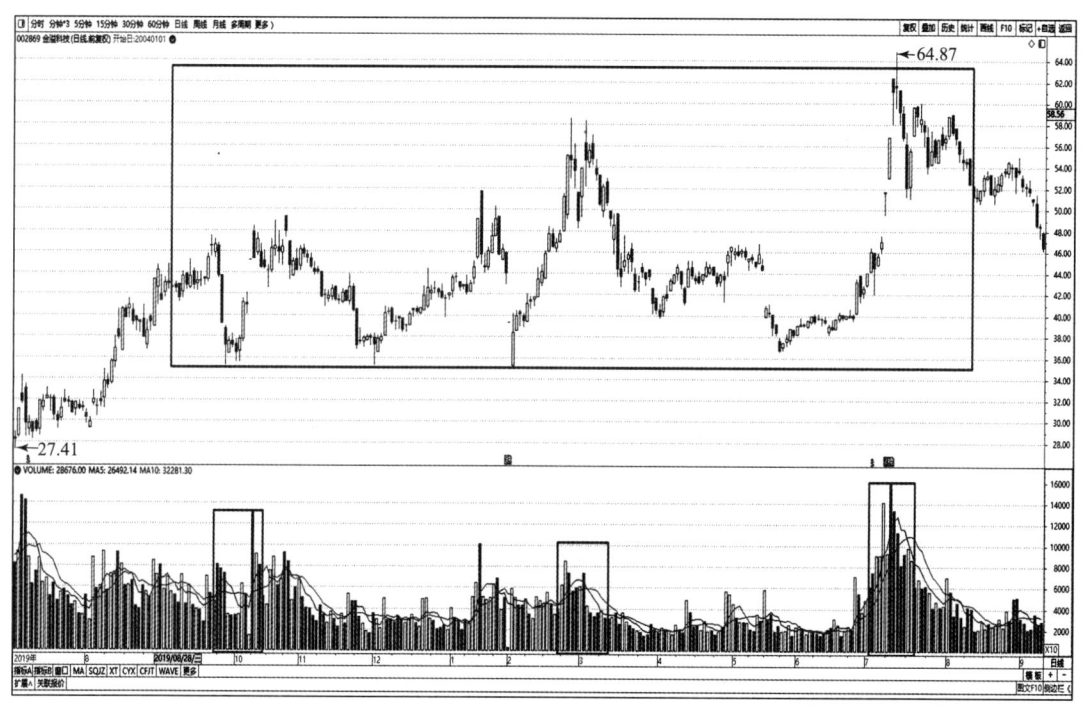

图2-11　金溢科技（002869）日线

第四节 底部时间结构

在主升浪底部建仓区间中，一般上涨的时间要比下跌的时间长一些，这里只是说绝大多数情况，没做过统计，可能有80%以上的情况如此。但需要说明的是，和底部建仓区间的量能结构不同的是，少数的主升浪底部建仓区的时间结构中也存在下跌时间比上涨时间略长一些的情形，但不会长得太离谱，一般在1∶1附近。

通常底部强结构建仓时间较长，在时间结构方面可以统计周线图中的上涨时间和下跌时间，一般情况下，瞟一眼就能看出个大概情况。

这节的主升浪底部建仓区间的时间结构，其实也很容易明白。既然是底部建仓区间，那大资金自然会把更多时间用在吸筹建仓方面；既然买筹码，那自然会对盘面有向上的牵引，所以多数情况下，建仓区间内上涨时间就会相对多一些，这意味着主力在建仓区间内多数时间用在了买筹码上面，所以底部时间结构是辨识主力行为的有效方法之一。如图2-12和2-13所示。

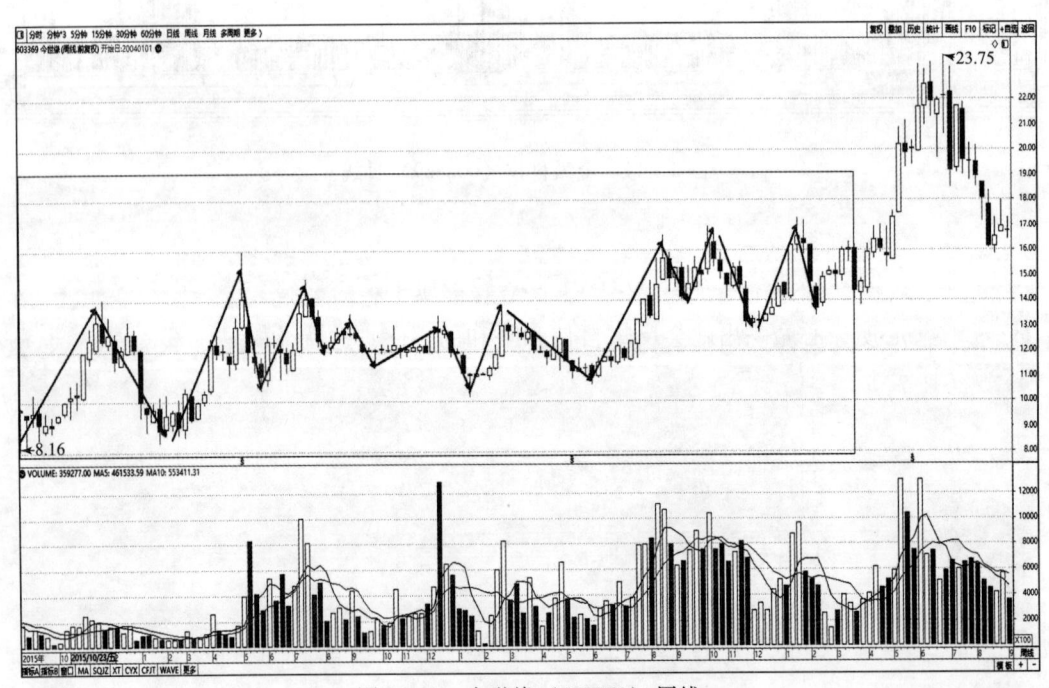

图2-12 今世缘（603369）周线

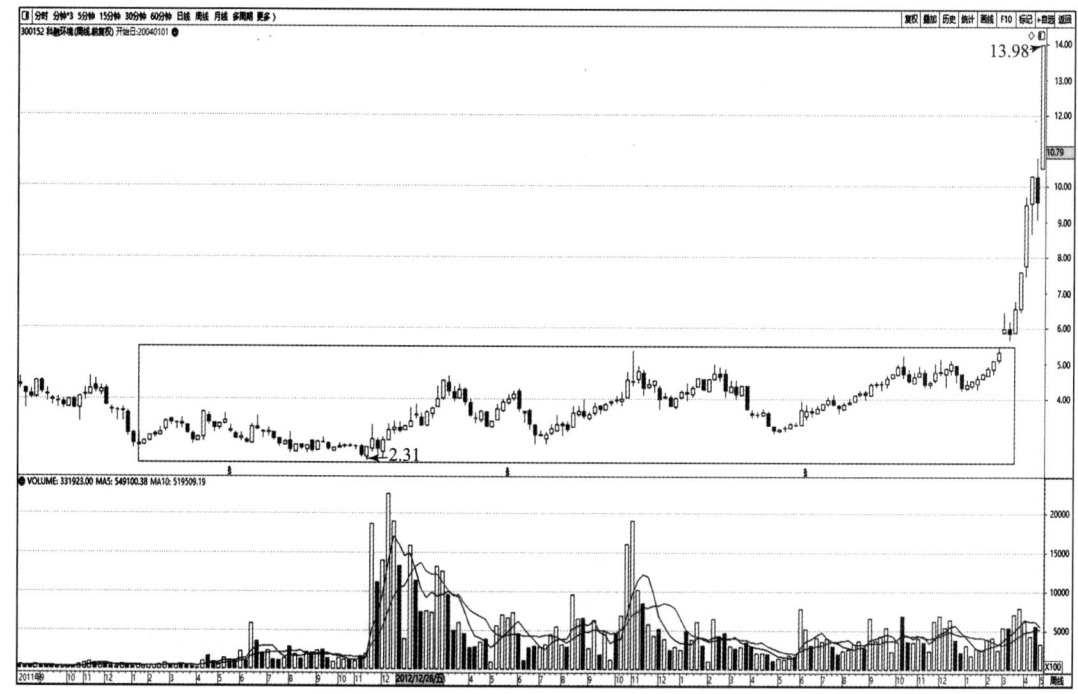

图 2-13　科融环境（300152）周线

在一个看似低位、看似底部的区间内，如果区间内的下跌时间明显要长于上涨时间，此时就要特别谨慎了，因为该区间很可能不是底部，如果不是底部，就不涉及建仓的问题了，见图 2-14。

底部时间结构虽是整体辨识底部建仓区间的方法之一，但底部区间的时间结构也是个细节问题，需要辨明。真正落实到实盘操作时，不能存在一丝疑惑，人一旦内生困惑，就会产生犹豫，犹豫一出必然会导致操作的迟疑甚至失误。

犹豫、困惑及其浮生的不自信等都属于负面情绪，这是中小投资者的心魔，心魔一出就会反噬自信和平和的心态，这就会非常麻烦，人一旦潜意识受到负面情绪的干扰，那么即便是技术上的高手也很难发挥出平时的技术水平。心魔一出就会让技术能力降低好几个维度，所以一定要深究每一个细节，真正做到明辨无疑惑，心无疑惑便会充满自信平和，自信平和的心态对中小投资者来说非常重要。

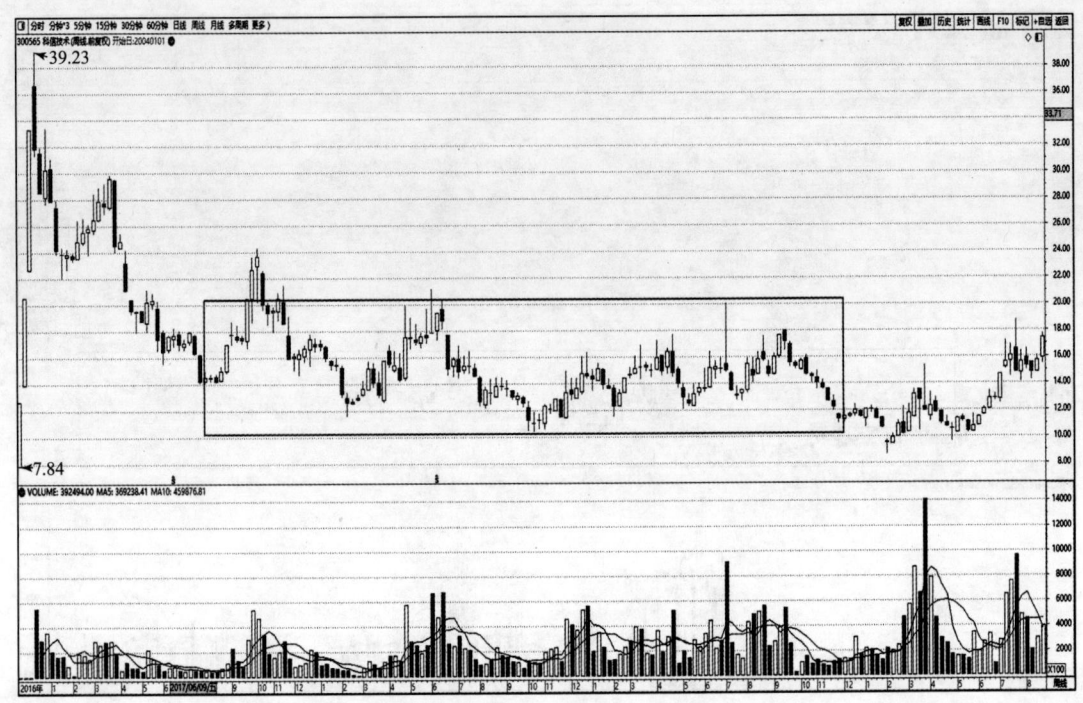

图 2-14 科信技术 (300565) 周线

第三章
主升浪底部建仓结构

主要介绍大资金底部建仓的空间结构类型，包括楔型结构、平行结构、斜上结构、斜下结构、混合结构等，详细探究这些主力建仓区间结构类型的特点，让读者一眼便知底部强结构形态。

第一节 楔形结构

楔形结构（图3-1）是较为常见的大资金底部建仓结构类型之一，是建仓区间高点逐渐降低、低点逐渐抬高的空间结构。楔形结构的建仓区间价格走势非常有节奏感，空间结构也极具美感，如同美景浑然天成，如同美人天生丽质，如同美酒回味悠长。

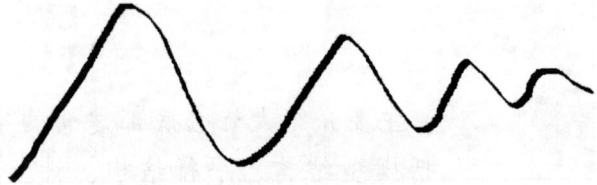

图3-1 楔形结构

楔形结构是最符合价格波动规律和市场心理变化的结构类型，这一节非常重要，这里不仅要明白，而且要真正的搞清楚，K线只是个符号，投资者要真正搞懂是K线隐含的知识。

那楔形结构是怎么形成的呢？

在一个大资金认为的底部区域，主力开始建仓入货，刚开始市场浮动的筹码比较多，所以股价高低波动比较大；随着筹码的收集，在外的浮动筹码在慢慢地减少，股价的高低波动自然就会慢慢地减弱，直至最后的波动空间慢慢弱到归零。这是股价运动规律的必然结果。

另外，在楔形结构内，随着时间的推移，一些被套的短线操作者该走的已经走了。为什么这么说呢？因为他们被套的时间太长了，受不了那个折磨！而随着股价波动空间的变小，短线客会不愿再操作。这是为什么呢？因为获利空间太小了！这样，在楔形结构区间内，浮躁的交易情绪、频繁操作的短线欲望都在慢慢消退，市场情绪由大幅波动慢慢归于平稳。如此，股价上涨的根基就非常坚实了，因为楔形结构类存在的少数中长线思路的中小投资者并不会在股价上涨中经常进行短线操作，所以大资金在拉升股价的阶段遇到的阻力会比较小。

希望读者朋友能对着图 3-2 和图 3-3 再好好捋一捋这其中的道理，真正弄懂。

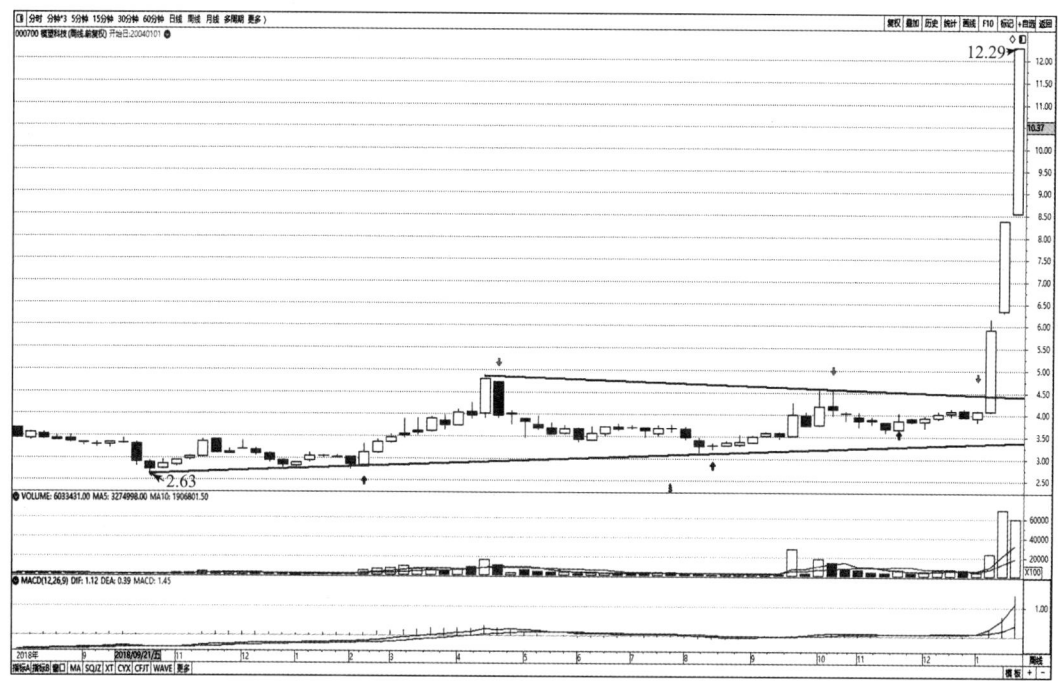

图 3-2　模塑科技（000700）

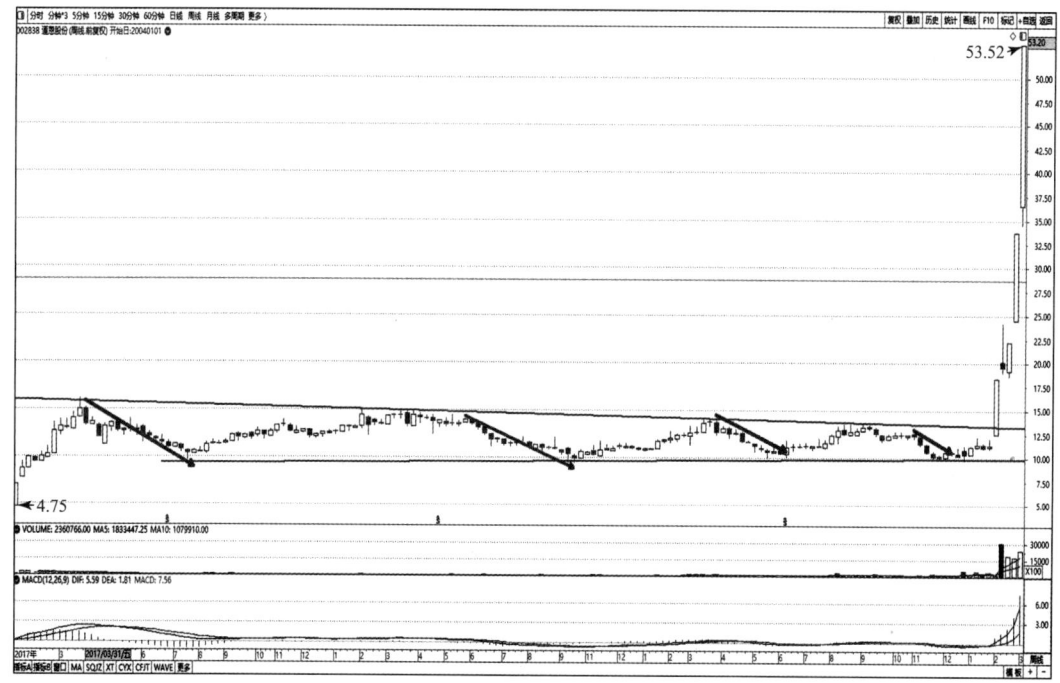

图 3-3　道恩股份（002838）

第二节　平行结构

如图3-4所示，这种底部建仓区间内，高点多数近乎平齐，低点多数近乎平齐，建仓区间类似个平行四边形的底部建仓区间称为平行结构。

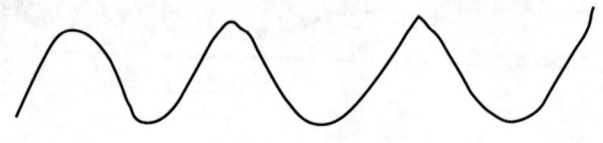

图3-4　平行结构

从出现的频率看，平行结构似乎比楔形结构还要常见一些，由于建仓区间内高低点的出现更有规则，所以为中小投资者的滚动操作带来了便利。

这里还需细究下平行结构的形成原因。平行结构的高点近乎平齐的深层次的原因，在技术层面可以用阻力和支撑来解释。在大资金操盘建仓时，一旦测试前高有阻力，就会打压下来；一旦测试前低有支撑，就会拉升上去。有的也可能受到大盘及板块走势的影响，有时高点可能不会或者不想触及前高，但如果大盘较好，或者该股所属的板块表现特别抢眼，那么大资金可能会继续拉一拉，那样高点可能就和前高差不多位置了，低点的平齐可能也有类似的情形。此外，一些大资金主操盘手可能有这样的习惯，在建仓时喜欢平行四边形，不画四边形他就难受，这样也会在图形上留下痕迹。

读者朋友可对照图3-5至图3-8进行自主学习。

图 3-5 赛微电子（300456）周线

图 3-6 美格智能（002881）周线

图 3-7 丰华股份（600615）周线

图 3-8 凯撒旅游（000796）周线

第三节　斜上结构

如果在底部建仓区间内,高点逐渐抬高,同时低点也逐渐抬高,就称这种底部建仓结构为斜上结构,如图3-9所示。

图3-9　斜上结构

一般来说,主力往往不怎么考虑斜上建仓方式,因为主力也是人,而且属于比较抠门的那种。在通盘的操作计划中,主力会对每一处细节都精打细算,而斜上建仓方式显然会拔高主力的建仓成本。建仓成本高可是件麻烦事,因为这意味着获利空间会变小。

那为什么主力还会选择斜上建仓结构模式?

一般斜上建仓结构模式出现的主要原因是大盘比较强势或者建仓标的所属的板块表现较好,当然这两种原因也可能兼有。这种情况下,主力想低价拿筹码的难度比较大。如果在建仓区间内每次拉升后再打压到前次低点位置,那筹码可能会被中小投资者捡走。另外,一般建仓标的都是主力精挑细选的优质个股,如果打压位置太深就很有可能引起其他主力的垂涎,这种情况才是最糟糕的,如果筹码被其他主力抢走,就意味着很可能失去后续走势的控制权,从而使得全盘的操作计划还未真正开始就失败了。所以斜上建仓也是主力纠结心态之下的无奈之举。

由于主力如此心态，所以斜上建仓一旦完毕之后，往往就不会再有挖"坑"之举，因为若跌破成本线、跌破建仓区间就很有可能把狼给招来。所以斜上建仓完成后，一旦向上突破就很有可能是真正突破，从这个角度看，斜上建仓结构对操作来说似乎比较容易提升成功率。

读者朋友可对照图3-10至图3-12进行自主学习。

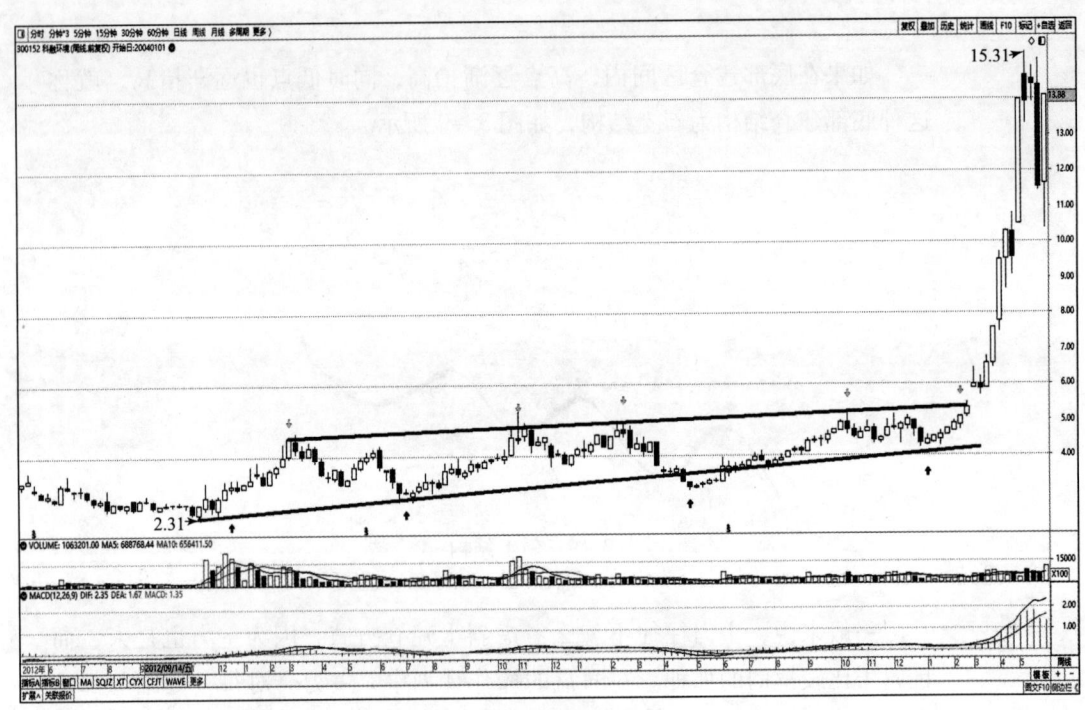

图3-10　科融环境（300152）

图 3-11 立昂技术（300603）周线

图 3-12 雅本化学（300261）

第四节 斜下结构

如果底部建仓区间内，高点逐渐降低，而低点也是逐渐降低，则称这样的建仓结构为斜下结构，如图 3－13 所示。

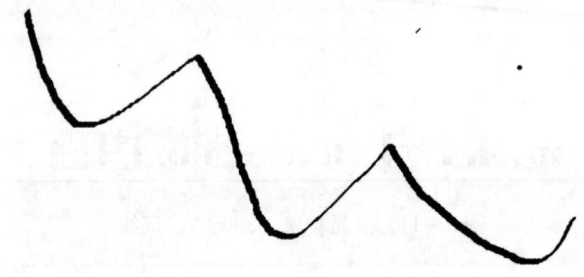

图 3－13 斜下结构

和斜上结构不同，斜下结构的成因近乎相反，斜下结构的形成多半是因为大盘、标的所属板块走势不是很好造成的。大资金可能在认为个股价值比较低估的情况下入场，但碰上了大盘调整，所以股价一路下行，这种情况下大资金可能也不会慌张，因为账面虽然可能出现些亏损，但明白建仓标的真正的价值，所以建仓完毕后拉升的幅度并不见得就比其他建仓模式小。

斜下结构从市场心理分析来看，可能是建仓结构中最为稳定的，这种建仓模式显然是阴狠毒辣的，每次拉升之后的调整都要把拉升中买入者套得牢牢的，一个都不留，包括大资金自己。

实例见图 3－14 和图 3－15。

如图 3－16 图所示，拉升的起点 A 点在随后的调整中被跌破，这意味着上一波参与的短线投资者悉数被套，在随后的每次拉升中都如此，几个回来下来，还有几个散户敢参与？随着斜下建仓结构接近尾声，短线参与度也很可能降至冰点，这时就是主升浪启动之时。

图 3-14 容大感光 (300576)

图 3-15 博创科技 (300548)

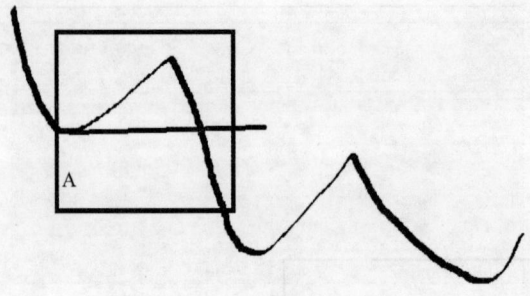

图 3-16 斜下结构起涨点分析图

斜下结构也有需要深究的地方，因为斜下建仓模式时间结构上不是很标准，有时调整的时间要比拉升的时间要长，这样就会造成大资金真正拿到手里的筹码不是很多，从而造成了在后续拉升时很可能一气呵成，然后快速卸货，比较容易出现类似那种直上直下的走势，这是需要注意的地方。

实例如图 3-17 所示。

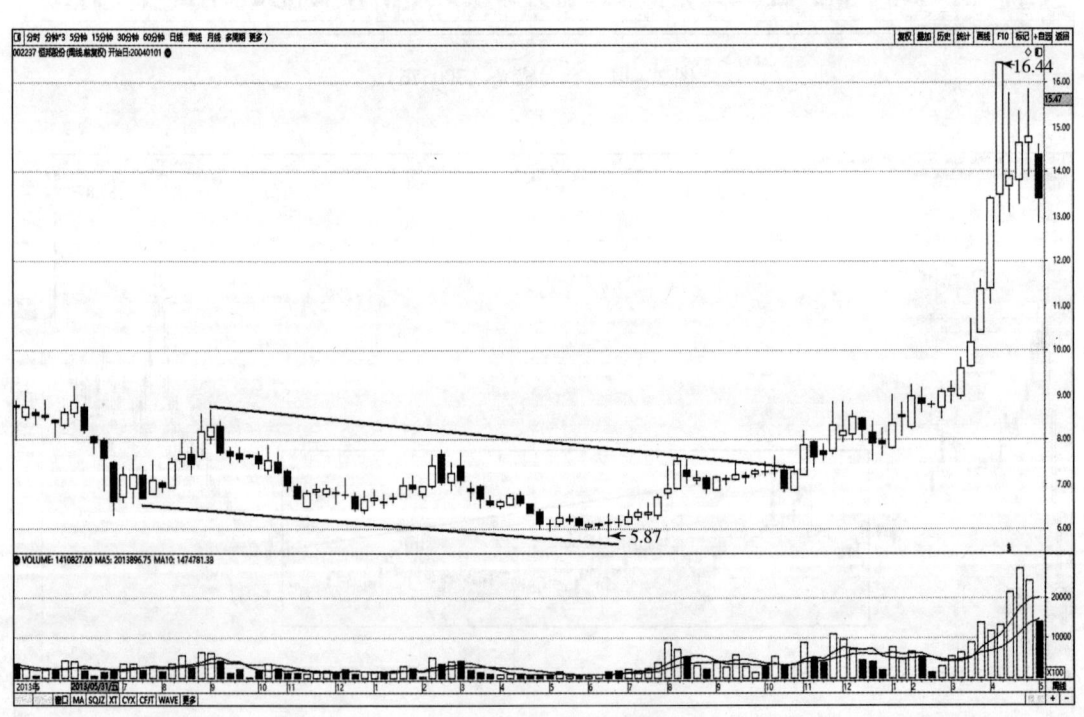

图 3-17 恒邦股份（002237）

第五节　混合结构

混合结构是本章前四种结构的搭配组合结构，一般为任意两种结构的混搭。

探根究底，底部建仓结构在"意"不在"形"。记住底部建仓结构在意不在意，只是底部区间内大资金能取得筹码即可，至于是哪种结构的外在表现，一点都不重要。

市场博弈是极为复杂的，那种今天涨停、明天跌停的疯狂走势多了去了，还有什么是不可能的，所以底部建仓结构也挺多，除了前面那四种结构出现频率较高外，还有几种混合结构也有可能出现。

（1）斜下结构+楔形结构，如图3-18和图3-19所示。

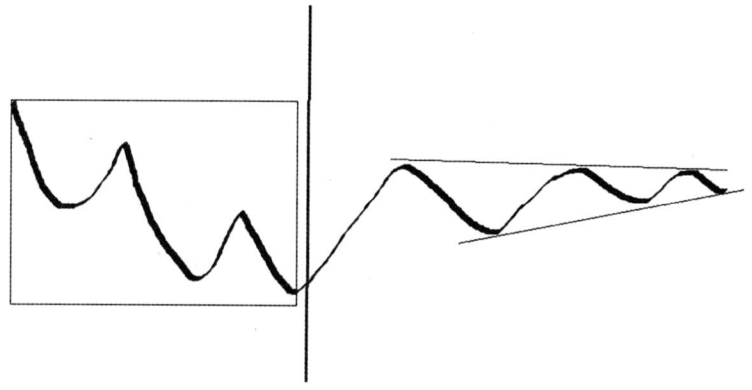

图3-18　斜下结构+楔形结构

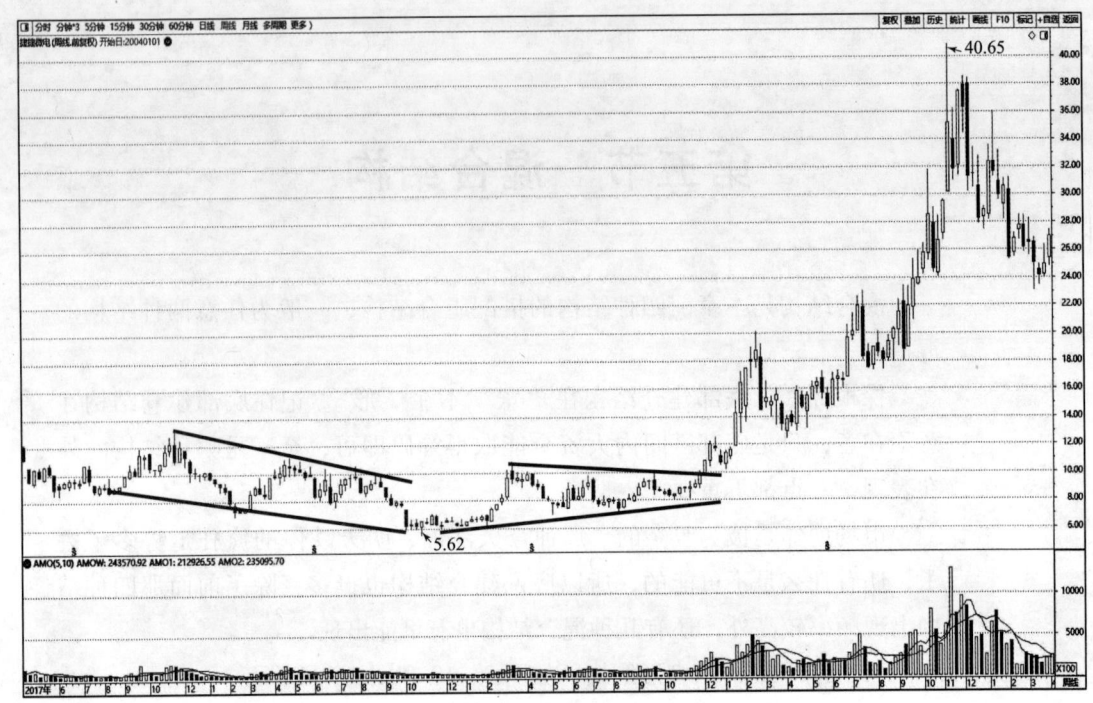

图 3-19 捷捷微电（300623）周线

（2）斜上结构+平行结构，如图 3-20 和图 3-21 所示。

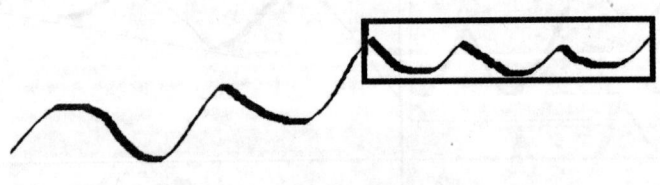

图 3-20 斜上结构+平行结构

图 3-21　汉缆股份（002498）周线

（3）斜下结构+平行结构，如图 3-22 和图 3-23 所示。

图 3-22　斜下结构+平行结构

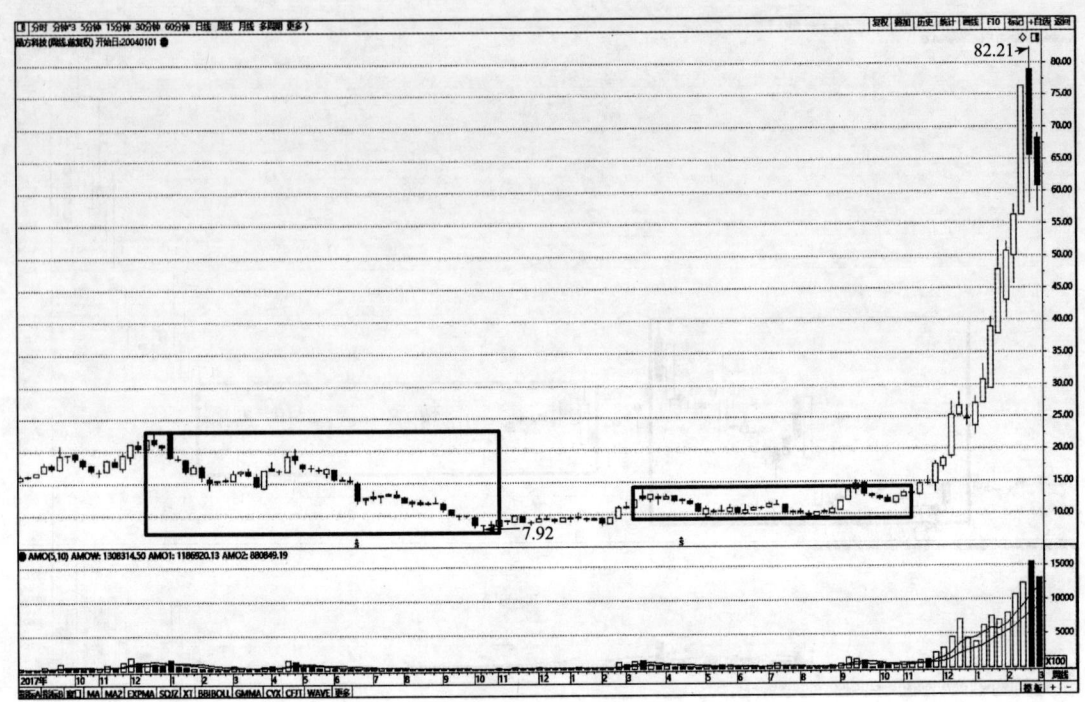

图 3-23 晶方科技（603005）周线

（4）斜下结构+斜上结构，如图 3-24 至图 3-27 所示。

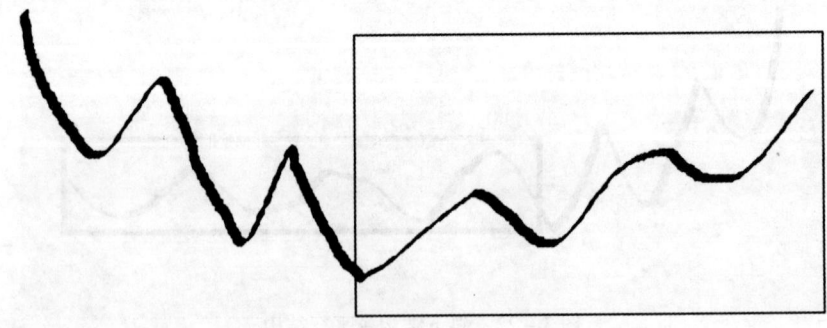

图 3-24 斜下结构+斜上结构

图 3-25 古鳌科技（300551）周线

图 3-26 海量数据（603138）周线

图 3-27 立中集团（300428）周线

这四种混搭结构的内在成因跟本章前四节中讲解的那四种结构的成因异曲同工，结合上面的图形示例，理解起来毫无难度，因为实际操作中有可能遇到上述四种混合结构类型，所以有些了解会更好。

这里仍然需要再强调下，底部建仓结构在"意"不在"形"，即底部区间内大资金能取得筹码即可，至于是哪种结构的外在表现，那真的一点儿都不重要。

第四章
建仓和出货的区别

　　确定底部对主升浪战法来说是基础、是关键，这不仅是主力的命门，对中小投资者来说还是操作的安全边际所在，所以还需进一步研究主升浪底部的特点，即一个强结构区间是底部建仓区间还是出货区间？它们的区别是什么？

第一节 盘面

我们研究建仓区间和出货区间的基础首先是该区间必须是一个强结构区间，否则没必要去浪费时间，如果连强结构区间都不是，那么无论是建仓还是出货都入选不了主升浪战法。

建仓区间和出货区间在盘面上明显不同，在平素盯盘细节上就能看出个大概。

（1）换手率。

除少数次新股外，一般底部建仓区间的平时交易日的换手率多在5%以下（图4-1），而出货区间的换手率往往很大，有的单日换手率可能在20%以上（图4-2），有的更夸张，单日换手率可能达30%甚至50%左右。

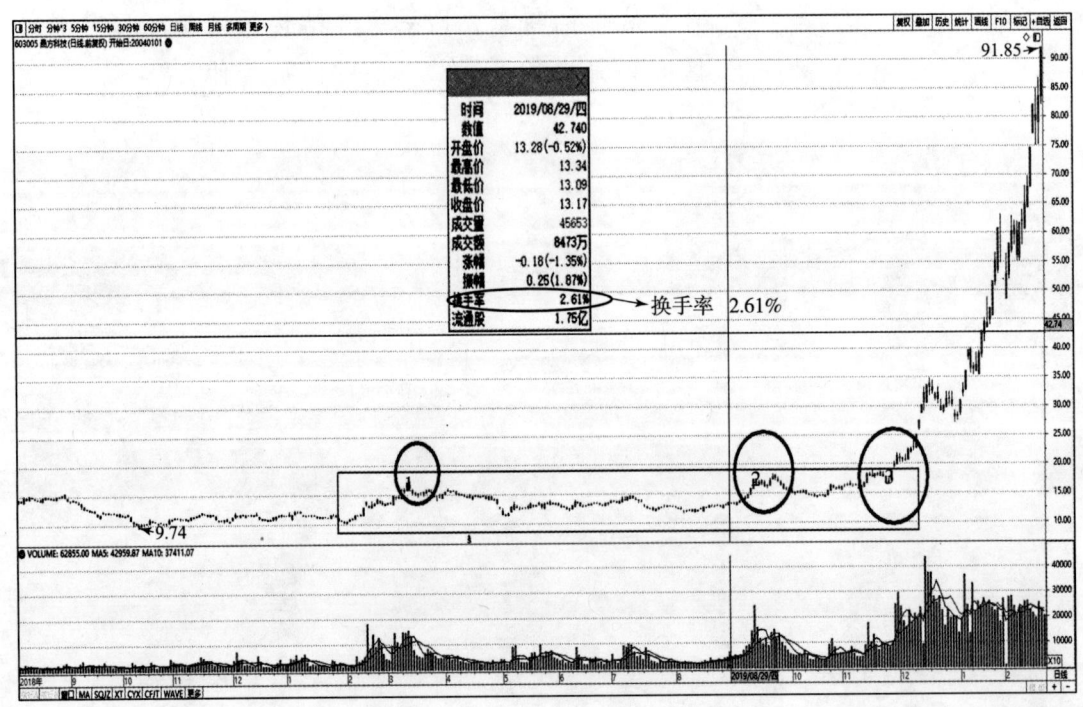

图4-1　晶方科技（603005）底部换手

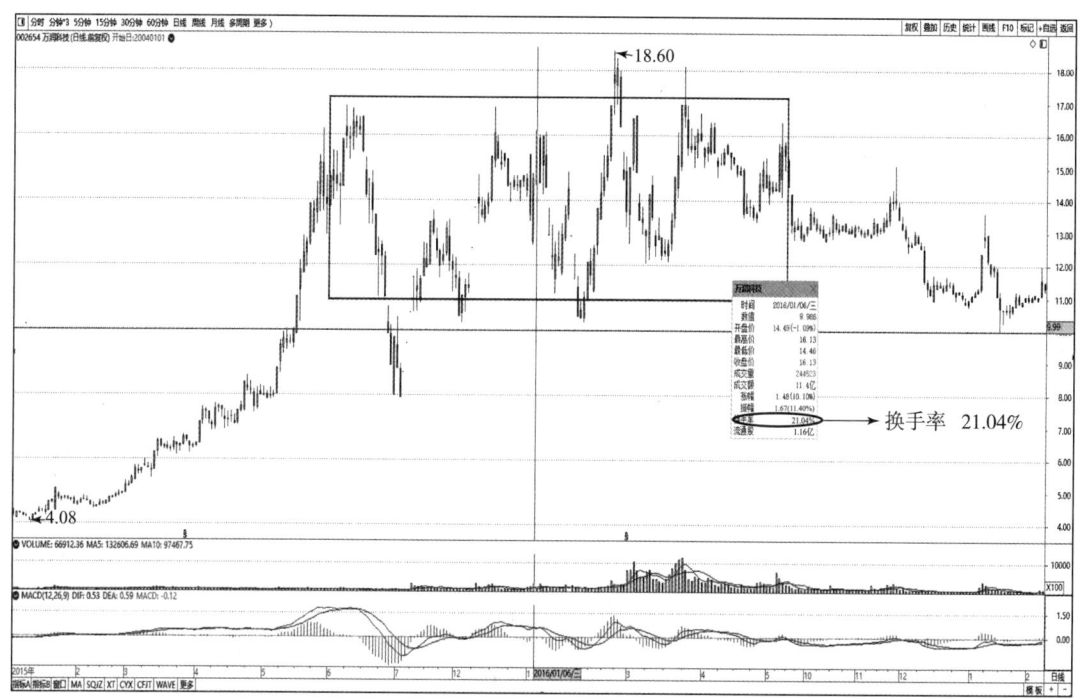

图4-2 万润科技（002654）顶部换手

　　从市场交易心理方面来看，理解起来比较简单。市场在底部区域时，交易比较清淡，除了一些严重被套的中小投资者外，短线交易者可能没几人了，所以想大换手也做不到啊；对大资金来说收集齐筹码这事要做好还真不容易，要"捡便宜"还要偷偷的，不能让人知道，所以底部建仓区域持续的时间会比较长、每个交易日的换手也会比较小。而出货区域就不同了，配合一些利好报道，交易热情高涨，对大资金来说筹码派送得很愉快，所以出货区域换手很豪放。

　　（2）在底部建仓区域较少出现大的买单和卖单，而在出货区域大的买单和卖单出现的频率比较高。

　　在底部建仓区域较少出现大的买单和卖单，有时在建仓区域内有些个股甚至连1笔500手以上的交易都没出现（图4-3），这是市场交易清淡至极致的一种表现，通常也是底部建仓区域的重要特征，即便偶尔出现500手以上的买单和卖单，那也没啥持续性。而出货区域就不同了，这时候主力是很慷慨的，"管饱"（图4-4）。

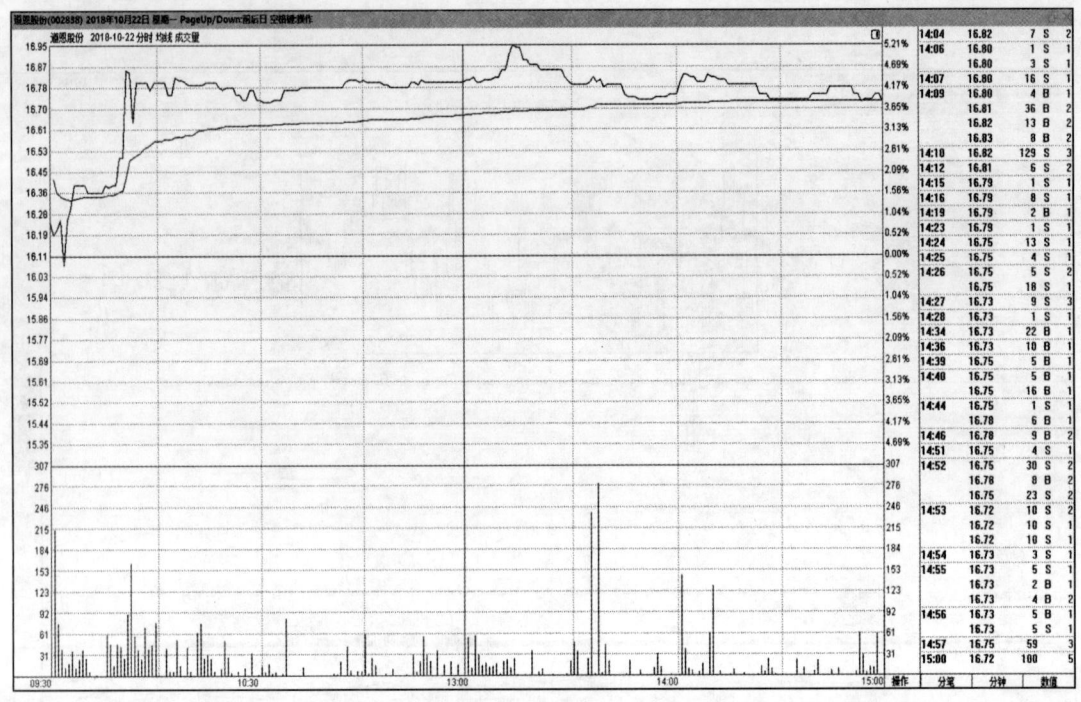

图 4-3 道恩股份（002838）2018 年 10 月 22 日分时

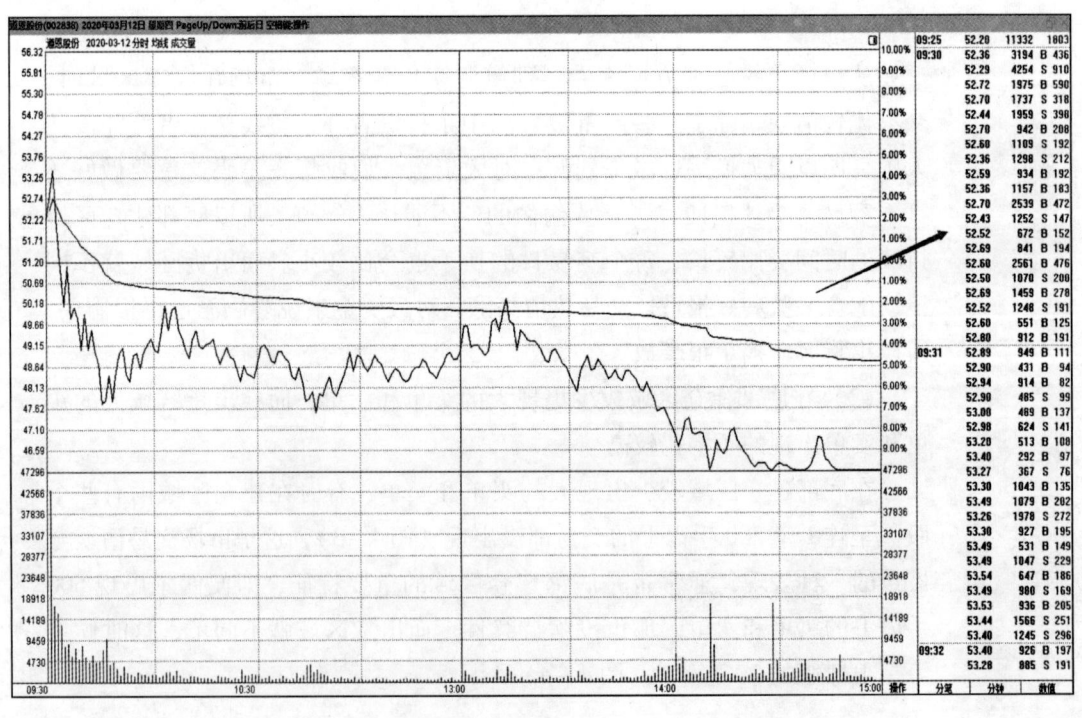

图 4-4 道恩股份（002838）2020 年 1 月 12 日分时

(3) 在底部建仓区域，分时线走势很不流畅；而在出货区域，分时线走势较流畅。

在底部建仓区域，大资金很多时间段内都是一笔一笔地吸筹，分时线会有很多"尖顶"出现，会留下"拧、皱"的形状，看起来极不流畅，也很不舒服（图4-5）。所以底部时，非常熬人，这也是处于底部建仓区域时极少有中小投资者参与的原因。如果静下心来想一想，散户赚钱难也是有原因的，"底部不建仓，顶部哄着抢"，这事周而复始地不断重复，似乎谁也改变不了。

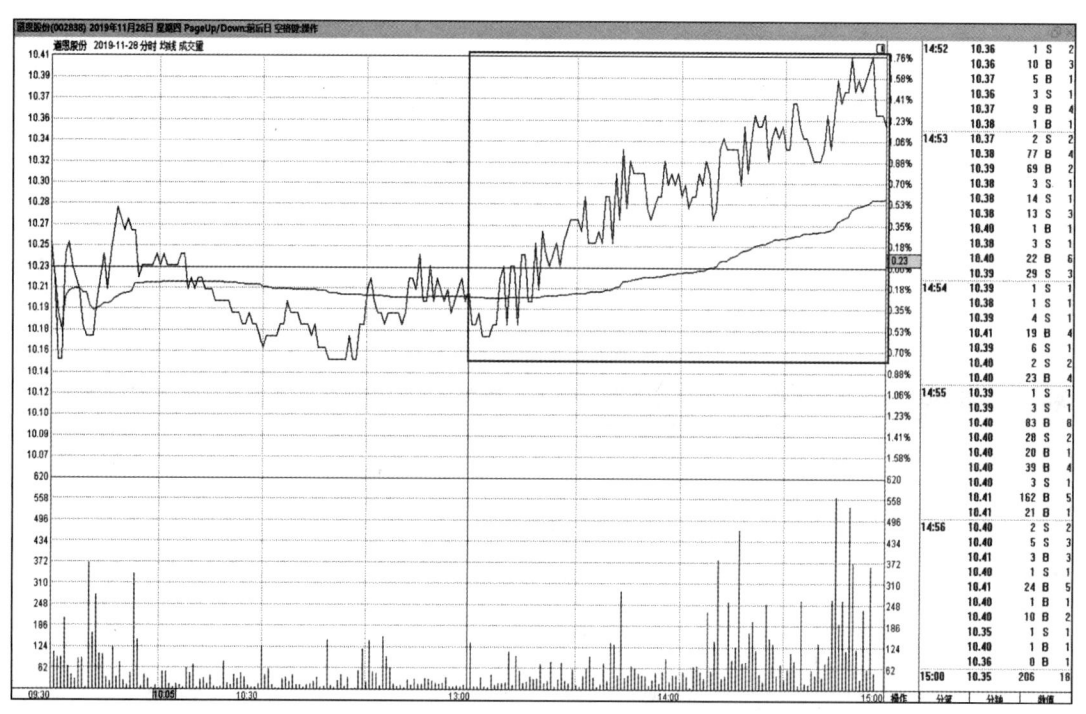

图4-5 道恩股份（002838）2019年11月20日分时

而在出货区域，分时线走势往往变化比较大，有时几分钟内就可能有10%左右的振幅，那些短线交易类型的散户可能最喜欢这样的情况，喜欢就喜欢呗，在不明白大资金操盘意图的情况下就贸然出手，你以为主力是做慈善的？飞蛾扑火，愿者上钩。这事也是周而复始地出现，似乎谁也改变不了。

(4) 成交的频次。

底部建仓区域内有时几分钟内都没有一笔成交（图4-6），而出货区域内有时一分钟内有10笔以上的成交出现（图4-7）。

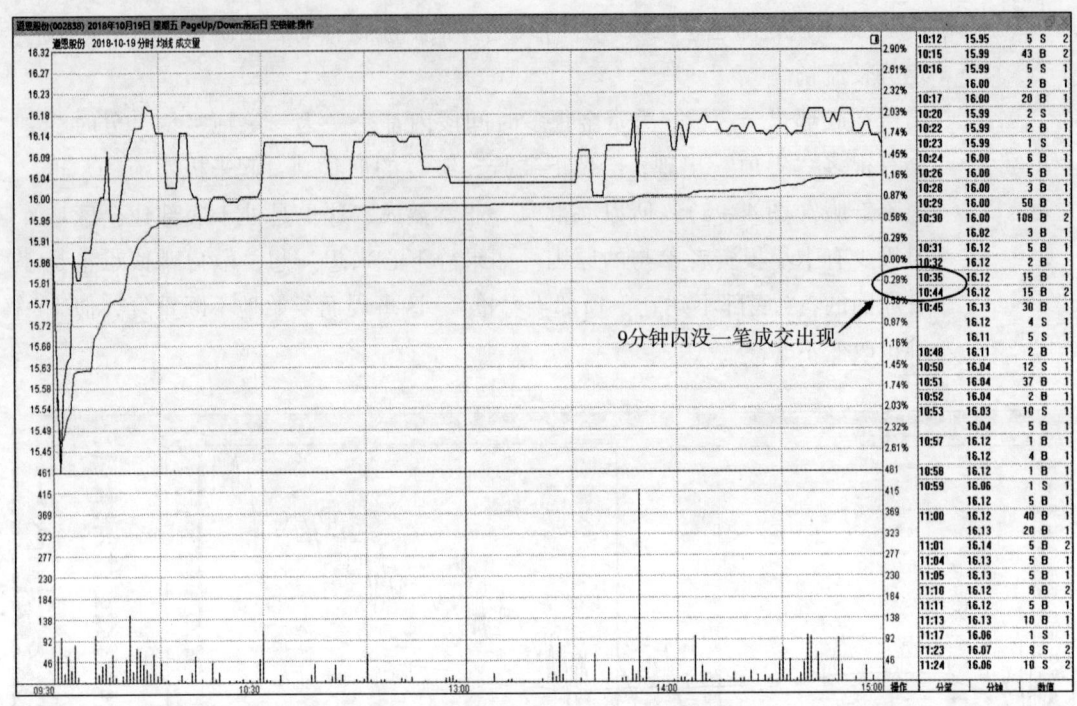

图4-6 道恩股份（002838）成交频次（一）

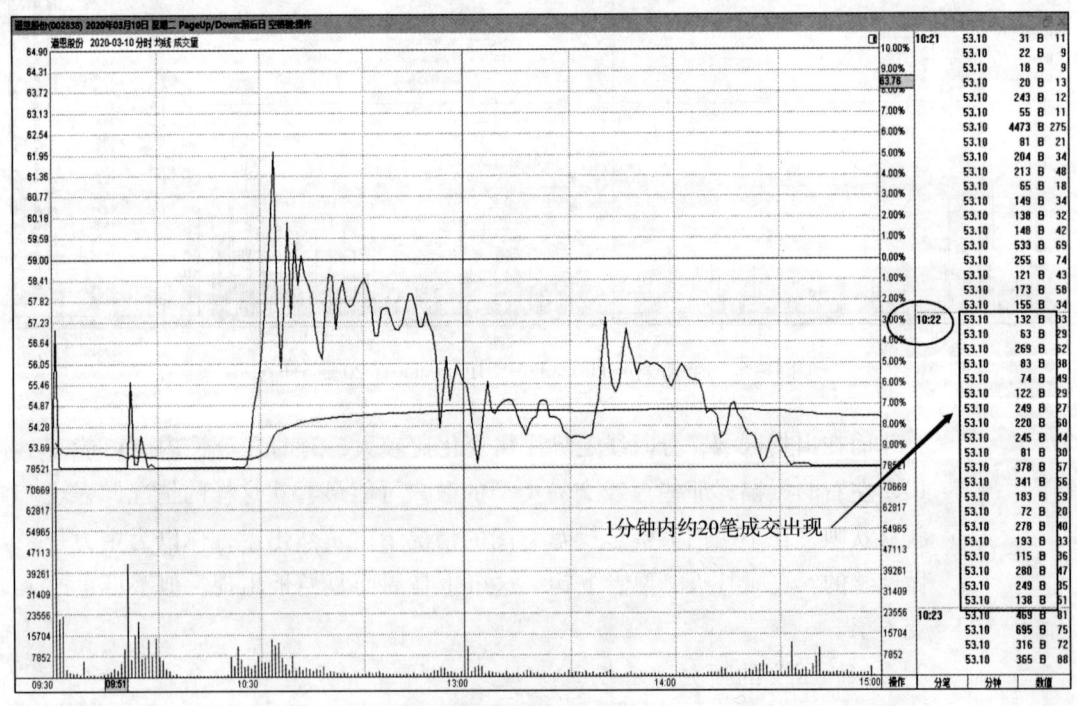

图4-7 道恩股份（002838）成交频次（二）

第二节 K 线

建仓区域和出货区域在 K 线方面有显著的不同，细究一下这方面的差异，能给操作方面带来很大的帮助。孙子兵法曰："死生之地，存亡之道，不可不察。"确认建仓区域对操作来说也同等重要，不可不察。

建仓区间内上涨 K 线的数量一般要略大于下跌 K 线的数量，建仓区间嘛，吸筹扫货自然是透着一种向上的张力，体现在 K 线方面，自然上涨 K 线数量要多一些，如图 4-8 所示。

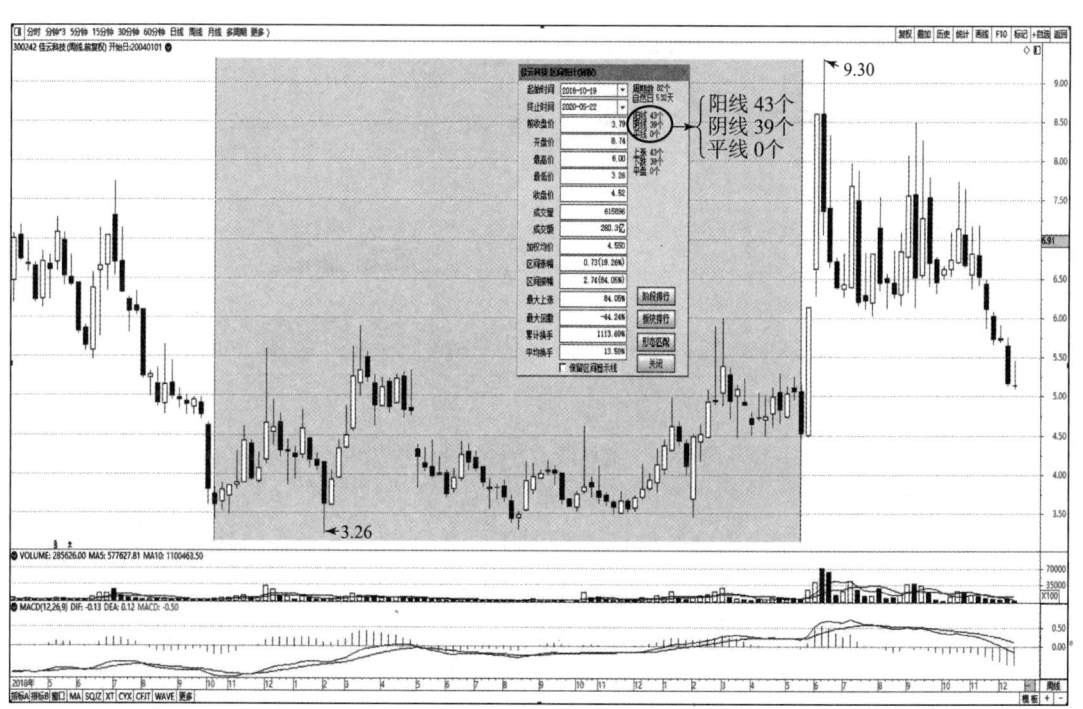

图 4-8　佳云科技（300242）周线

细究一下，这里最好不要用阳线和阴线的数量对比来辨别区间的性质，因为建仓区间内少数个股中可能会出现特别的情况，一些个股建仓区间内可能会出现假阴线，即建仓区间内虽然是上涨的K线，却以阴线的方式表现出来，在区间统计时要更重视K线的涨跌数量对比情况。

例如道恩股份（002838），如图4-9所示。其在建仓区间内，阳线数量为59个、阴线数量为62个，似乎是阴线多一些，但在K线涨跌方面，上涨K线是66个、下跌K线是56个，多方优势明显。而出货区间一般下跌K线的数量要多一些，以卸货为主要目的时多少会在K线层面上有所表现。

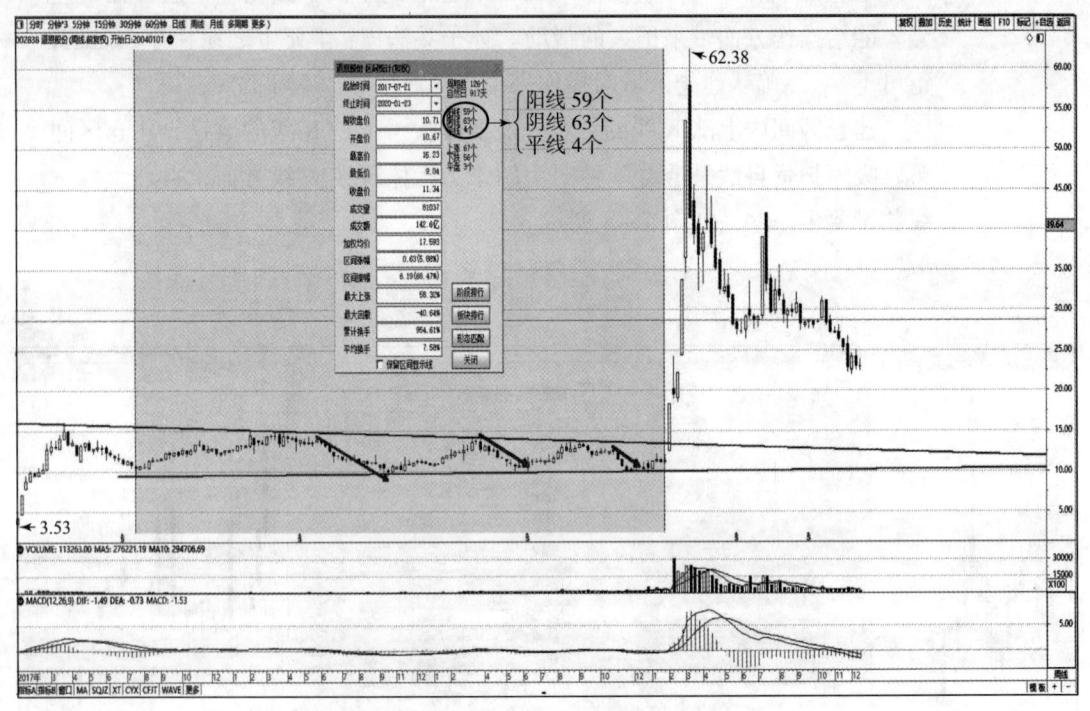

图4-9　道恩股份（002838）周线

例如金字火腿这个区间，如图4-10所示。乍一看，其似乎很像建仓区间，位置比较低，量能结构方面也比较符合建仓区间的特征，但如果仔细看K线统计，就会发现该区间内上涨K线42个、下跌K线48个，这意味着该区间内筹码似乎并未集中，而是有趋于分散的可能，这种情况下一定要特别慎重。

对区间性质的判断是主升浪战法的关键，一定要慎重，一旦判断失误，可能就会比较麻烦。

图 4-10 金字火腿（002515）

问题来了，那是不是区间内出现上涨 K 线的数量大于下跌 K 线的数量时就一定是建仓区间，这个未必。

请看下一节，速率。

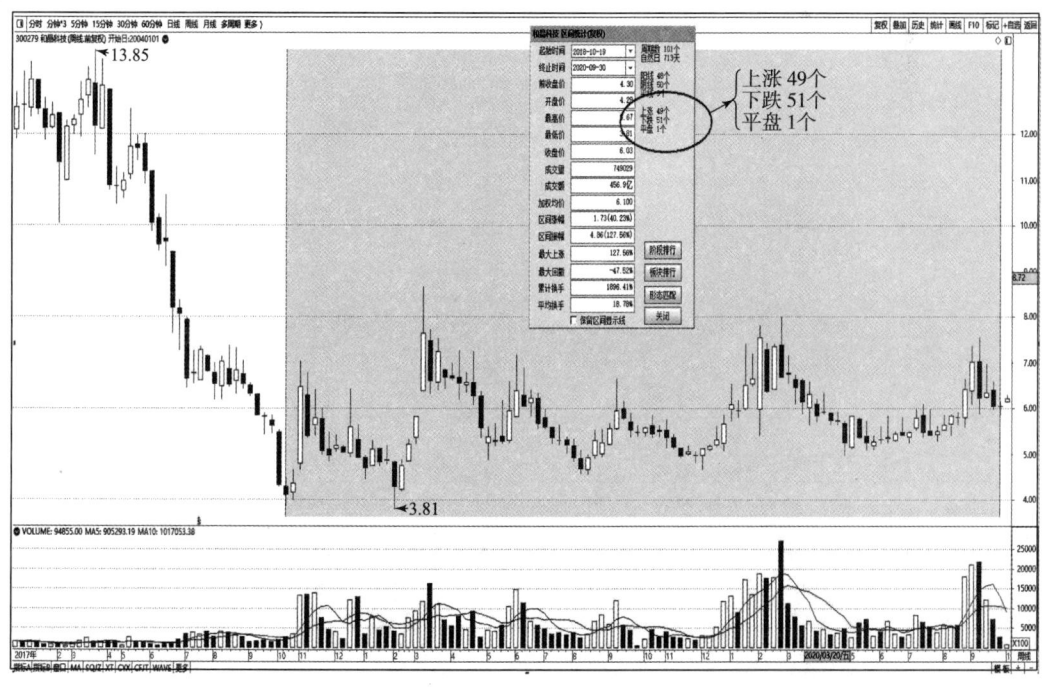

图 4-11 *ST 美都（600175）周线

第三节 速率

如果一个区间属于大资金建仓区间，那么一般在该区间内，调整的速率是比较平缓的，因为快速砸压需要甩掉一部分筹码，那可是人家辛辛苦苦捡到的，珍惜的很。而且，建仓区间内也完全没必要快速打压股价，因为长时间的横盘、磨盘要比快速打压的效果好得多。如果快速打压，被套的散户可能会选择加仓；但如果长时间地磨盘，那谁有那个耐心等，大多都受不了煎熬。

如果在区间内，K线调整的斜率特别陡峭，调整的速率特别快（图4-12和图4-13），就要特别谨慎，因为该区间可能是出货区间，即便该区间不是出货区间，那也很可能只是大资金在波段操作而已，波段操作和建仓不同，建仓是为了不断地蓄积筹码，而波段操作只是为了获取短差利润。

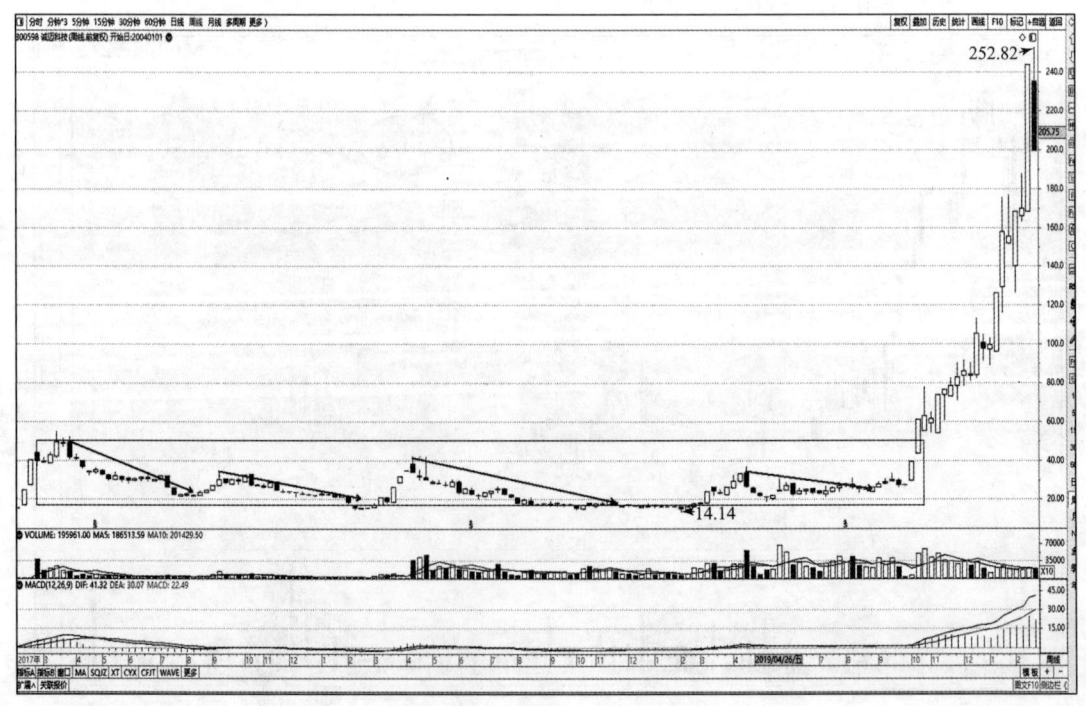

图4-12 诚迈科技（300598）

图 4-13 中环环保 (300692) 周线

如图 4-14 所示,为南京聚隆 (300644) 日线区间走势,从中可看出

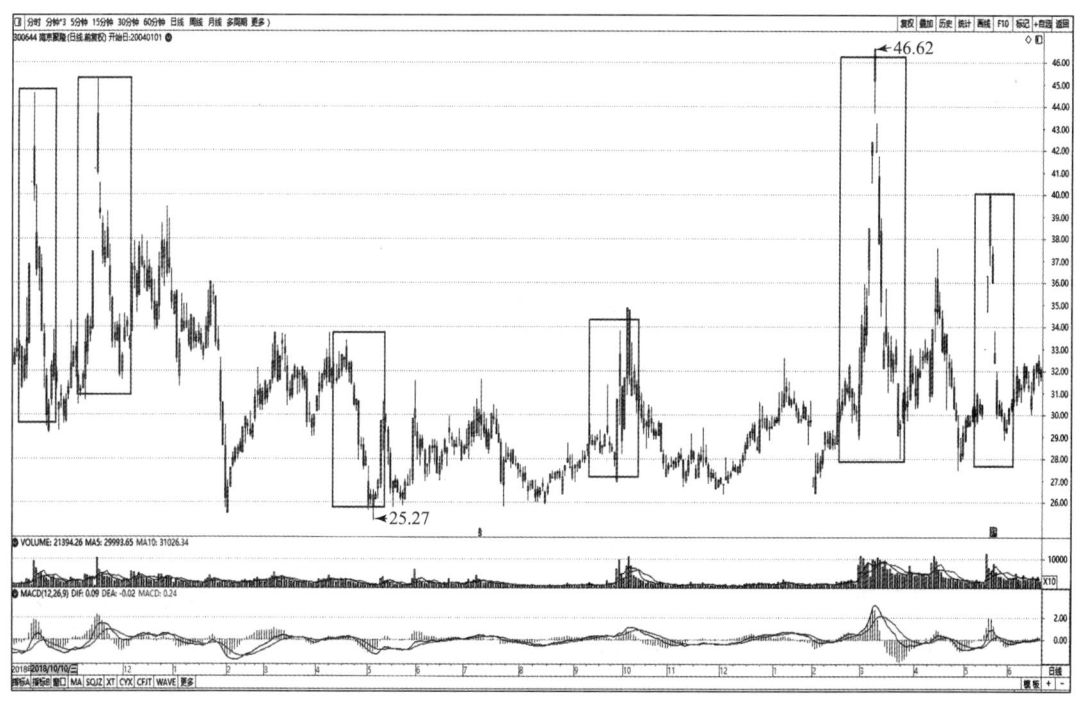

图 4-14 南京聚隆 (300644) 日线

每波拉升之后的调整速率特别陡峭,而且调整略显带量但没超过拉升量能,这样的区间不是以蓄积筹码为目的,故不能认为是建仓区间。整体感觉来看,区间内筹码略有分散,但分散幅度不是很大,很可能只是大资金在反复地波段操作而已。

惠威科技(图4-15)和图4-14类似,区间内打压快而迅猛,调整略显带量,很可能也是大资金在波段操作。

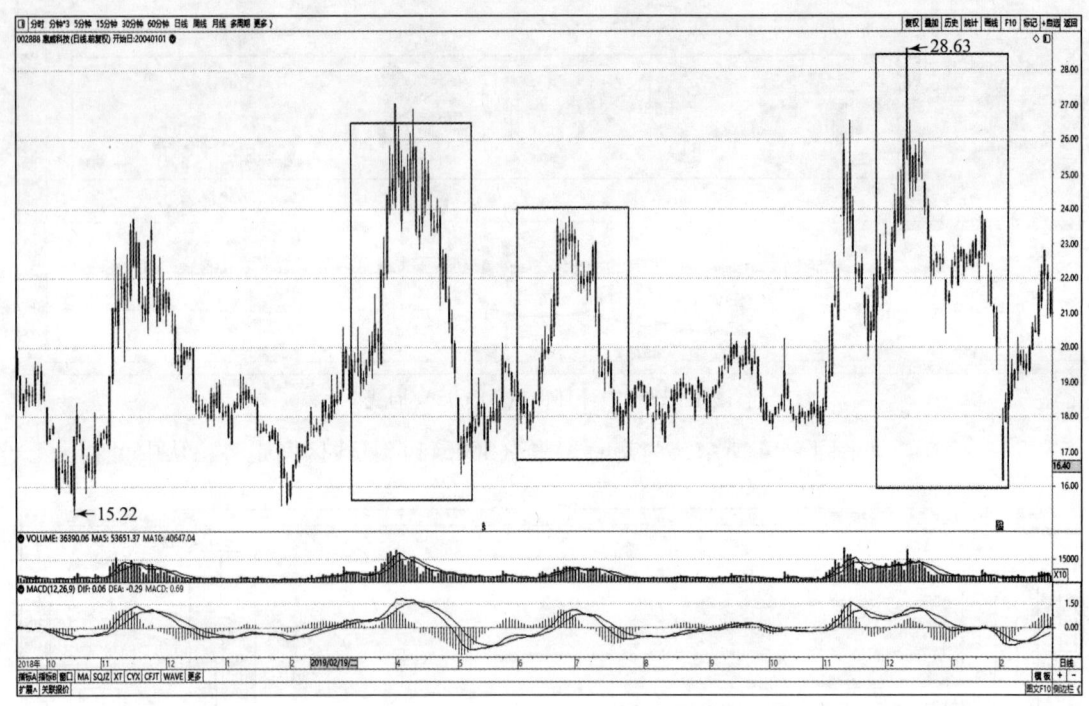

图4-15 惠威科技(002888)日线

东方金钰(600086)(图4-16)在区间内调整的速率快而猛烈,调整不但带量且超过了拉升量能,这就是明显的出货区间了,对这种情况要特别谨慎。

这里请读者朋友思考一个问题:如果一个区间只是大资金反复波段操作的区间,那么该股能否走出主升浪行情?

的确存在这种可能。如果某一只股票或所属板块走势较好,那该股的确存在走出主升浪行情的可能性,而且由于大资金在拉升之前通过反复的波段操作已经盈利较大,所以拉升时的心态可能也很好,拉升的高度自然也不会小;但如果行情不是很好或者较为糟糕,那比起有筹码蓄积的大资金,参与者可能跑得就很快了。所以从操作的安全边际来说,有筹码蓄积的大资金在建仓区间给了参与者一个安全气囊,而这个安全气囊在关键时刻很有用。

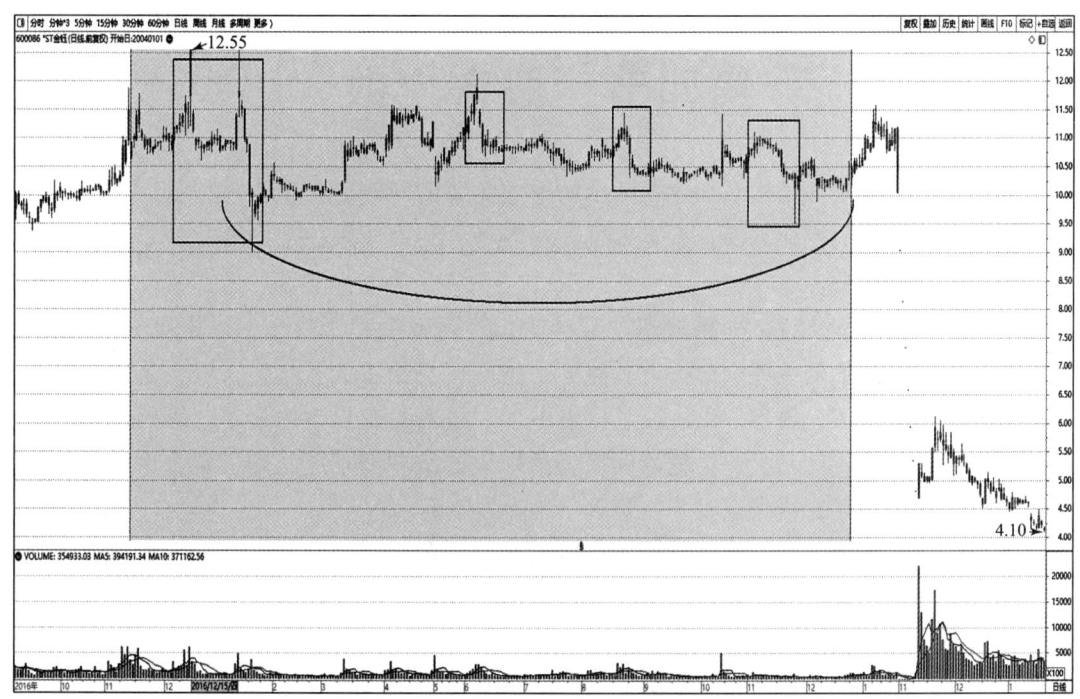

图4-16 东方金钰(600086)日线

第四节　股东户数

由于强结构底部建仓区域的形成需要的时间要至少1年以上，所以在判断筹码变化方面会有更多维度的参考，其中股东户数的变化就是较为直接的印证。

一般来说，如果股东户数减少，筹码就会趋于集中。说得更直接点，就是里面的一些中小投资者跑了，把筹码扔给了大资金，大资金手中的筹码就多了，底部筹码沉淀了、集中了；如果股东户数增多了，筹码就会趋于分散，就是大资金把筹码派发给广大的散户朋友了，即大资金手中的筹码变少了，或者变没了，筹码自然就分散了。

依据上面的分析，是否可以得出这样的结论：在某区间内，如果股东户数不断减少，就意味着该区间为建仓区间；如果股东户数不断增多，就意味着该区间可能为出货区间。

例如中潜股份（300526）（图4-17）的这个区间，如果实在拿捏不准

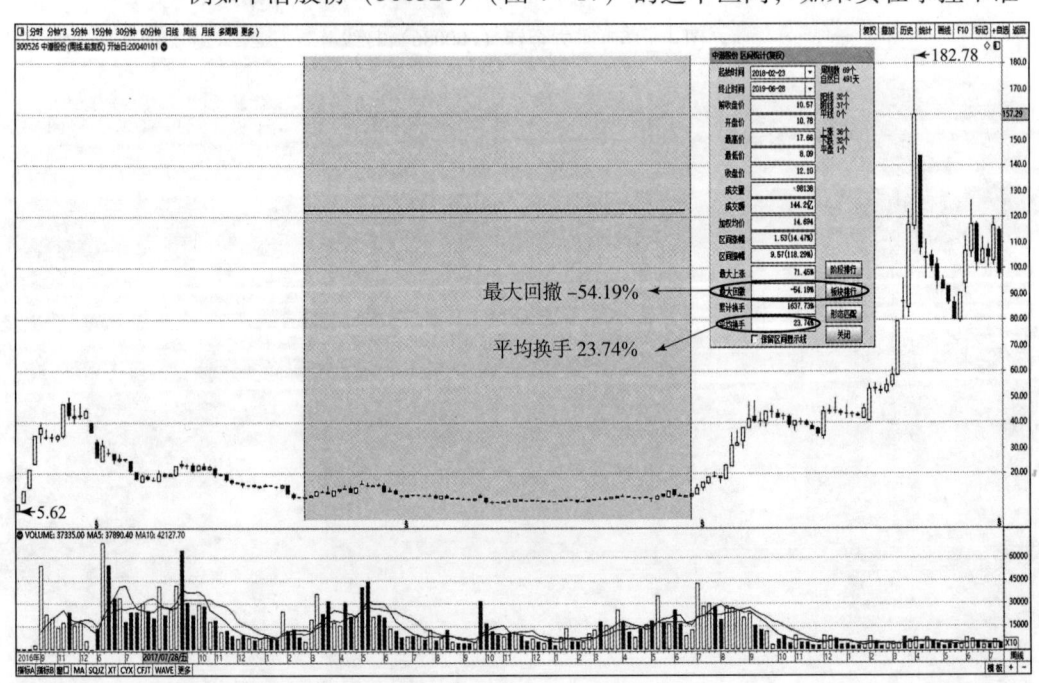

图4-17　中潜股份（300526）周线

该区间是建仓区间还是出货区间,那么你只需要打开该股的"基本资料"中的"主力追踪"。

从图4-18和图4-19中可以清晰地看到,该区间内的股东户数大体呈现逐渐减少的趋势。所以,可以初步判断该区间为大资金建仓区间。

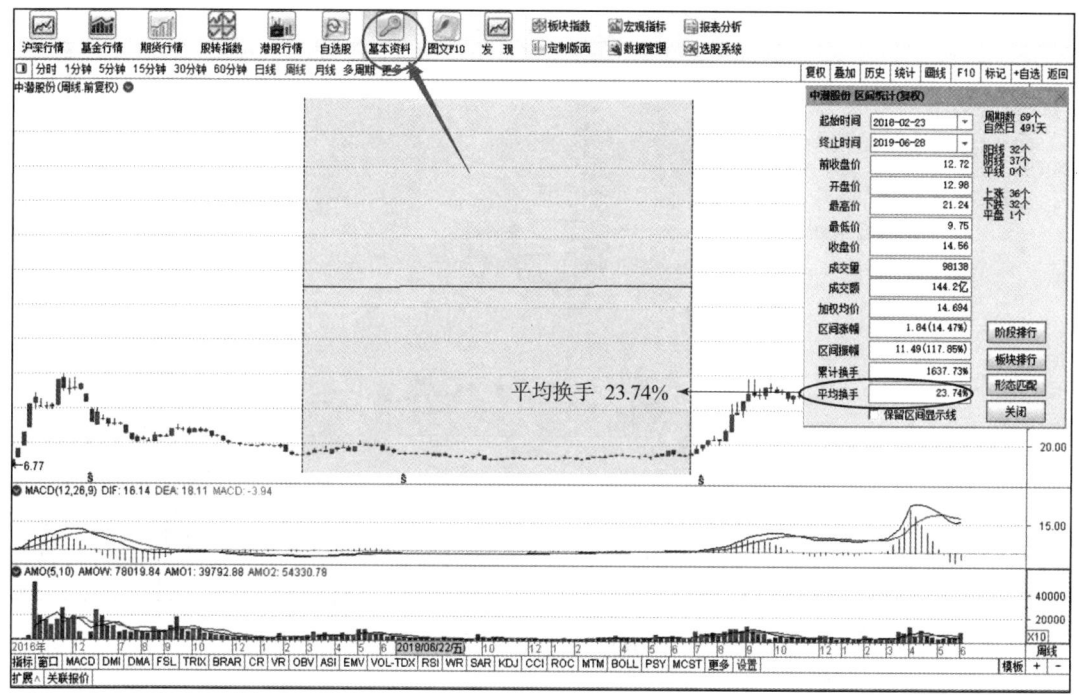

图4-18　基本资料:周线

截止日期	股东户数	户均流通股	A股户数	变动幅度(%)
2020-03-31	5103	33332	5103	30.85
2020-03-20	3900	43614	3900	-15.2174
2020-02-10	4600	36977	4600	-6.22
2019-12-31	4905	34678	4905	-10.28
2019-11-29	5467	31113	5467	-33.9415
2019-09-30	8276	20553	8276	-17.07
2019-08-30	9980	17043	9980	7.5779
2019-07-31	9277	6478	9277	-24.83
2019-06-30	12342	4869	12342	-10.73
2019-03-31	13826	4347	13826	0.0
2019-03-29	13826	4347	13826	-1.0
2019-02-28	13966	4304	13966	-6.36
2018-12-31	14914	4030	14914	-16.7
2018-09-30	17903	3341	17903	2.7
2018-06-30	17433	3431	17433	-1.22
2018-03-31	17649	3389	17649	8.83
2017-12-31	16217	3688	16217	-21.68
2017-09-30	20706	2888	20706	3.76
2017-06-30	19955	2129	19955	41.72

图4-19　基本资料:股东户数

如图 4-20 和图 4-21 所示，为星期六（002291）的基本资料，区间判断逻辑和上述例子类似，无需多言。

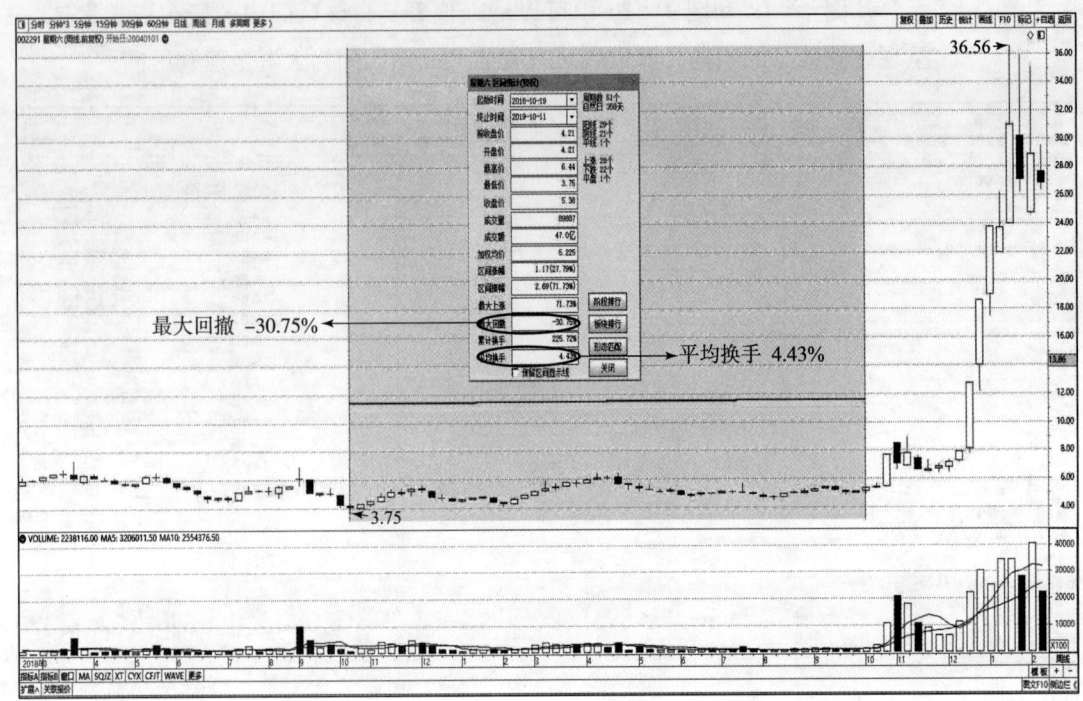

图 4-20 星期六（002291）2018年10月至2019年10月周线

截止日期	股东户数	户均流通股	A股户数	变动幅度(%)
2020-03-31	80527	4953	80527	294.28
2019-12-31	43194	9235	43194	111.49
2019-09-30	20424	19532	20424	-1.92
2019-06-30	20824	19156	20824	-7.21
2019-03-31	22442	17775	22442	-9.69
2018-12-31	24849	15965	24849	-9.16
2018-09-30	27355	14502	27355	3.54
2018-06-30	26420	13752	26420	-9.26
2018-03-31	29117	12478	29117	-4.87
2017-12-31	30609	11870	30609	-9.4
2017-09-30	33784	10755	33784	223.94
2017-06-30	10429	34840	10429	3.7
2017-03-31	10057	36129	10057	-25.65
2016-12-31	13527	26861	13527	-43.43

图 4-21 星期六（002291）股东户数

第四章 建仓和出货的区别

如图 4-22 和 4-23 所示，广博股份（002103）区间内股东户数大体呈现增多变化，可以认为是出货区间，至少也要看成大资金只是在区间内波段操作而已，而不能认为是底部建仓区间。

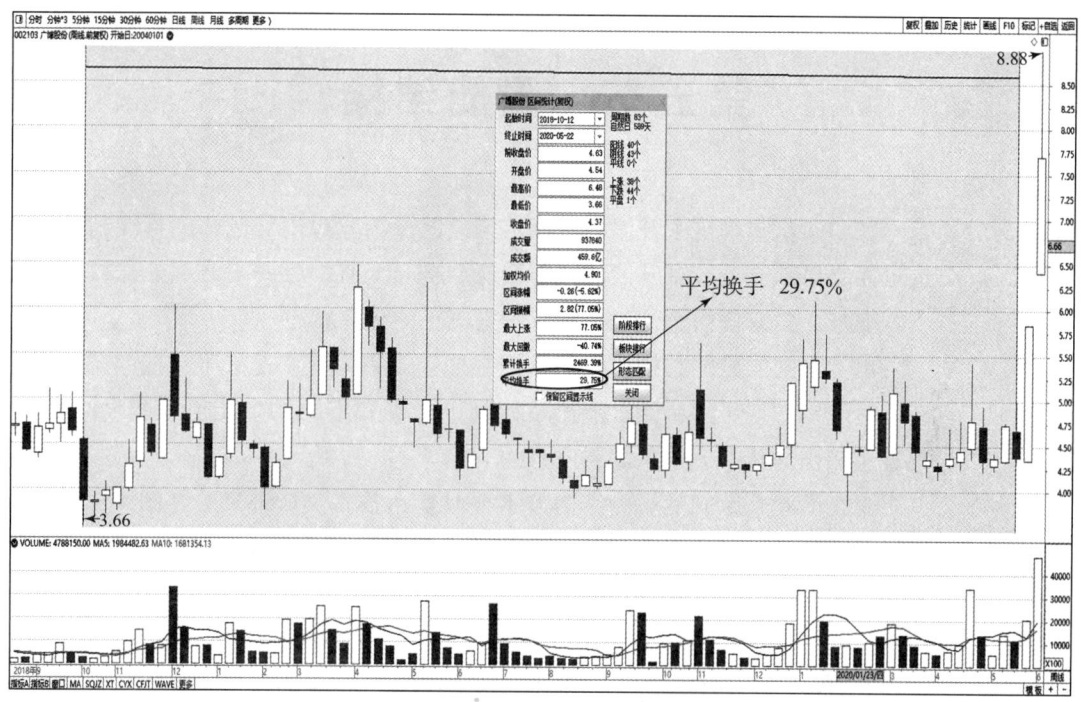

图 4-22　广博股份（002103）基本资料（一）

图 4-23　广博股份（002103）基本资料（二）

第五节 量能结构

在第二章中聊过主升浪的量能结构，但没细究过出货区间的量能结构，这里需要再深究下。主升浪的底部量能结构具有唯一性——必须上涨放量、下跌缩量，没有任何例外，否则就不是真正的建仓状态。

出货区间的量能结构一般为上涨缩量、下跌放量状态。但如果大资金在分时级别做得足够精致，那出货区间内上涨和下跌的量能也可能大体呈现近乎相当的状态，这是需要注意的。

真正的建仓区间的量能结构大体类似崇达技术（002815）（图4-24）这样的，呈现出较为优美的、有节奏的量能起伏结构，上涨放量、下跌缩量是大资金底部扫货的形体语言。

图4-24　崇达技术（002815）周线

由图4-25可知,广博股份(002103)的区间很像是底部区间结构,但从量能结构来看,区间内上涨量能大体和下跌量能相当(图4-26),这个区间即便不是出货区间,那至少也应该是大资金在波段操作,筹码有趋于分散的迹象,故这个区间不能理解为建仓区间。

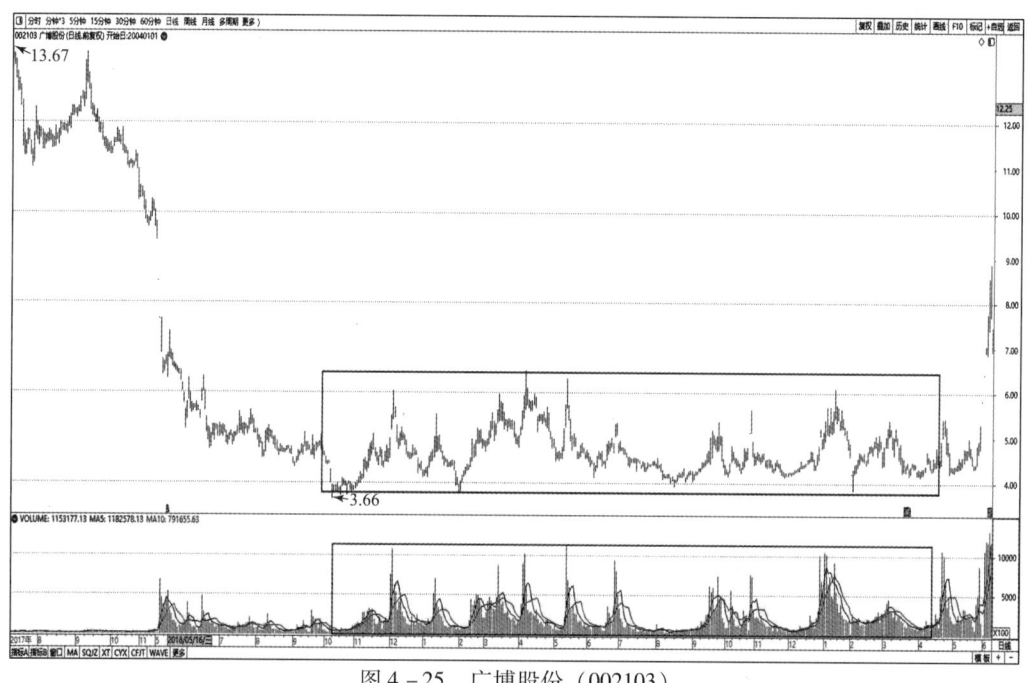

图4-25 广博股份(002103)

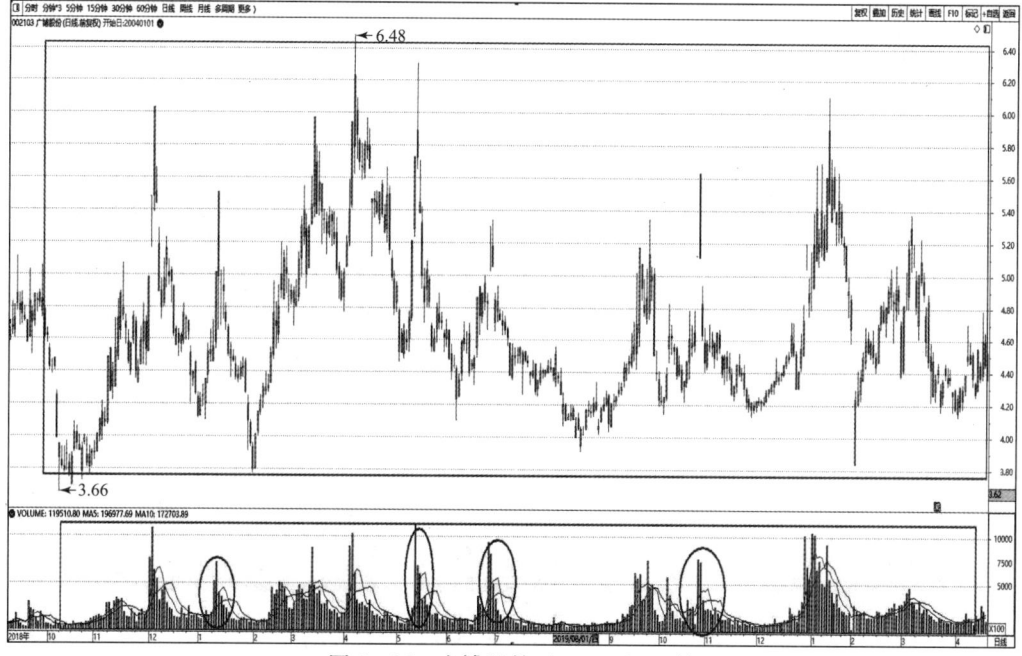

图4-26 广博股份(002103)日线

如图4-27和图4-28所示，陇神戎发（300534）和上述例子类似，区间内调整量能和上涨量能大体相当，区间内筹码有不断分散的迹象，这个区间很可能只是大资金在来来回回滚动操作而已，而不是底部建仓区间。

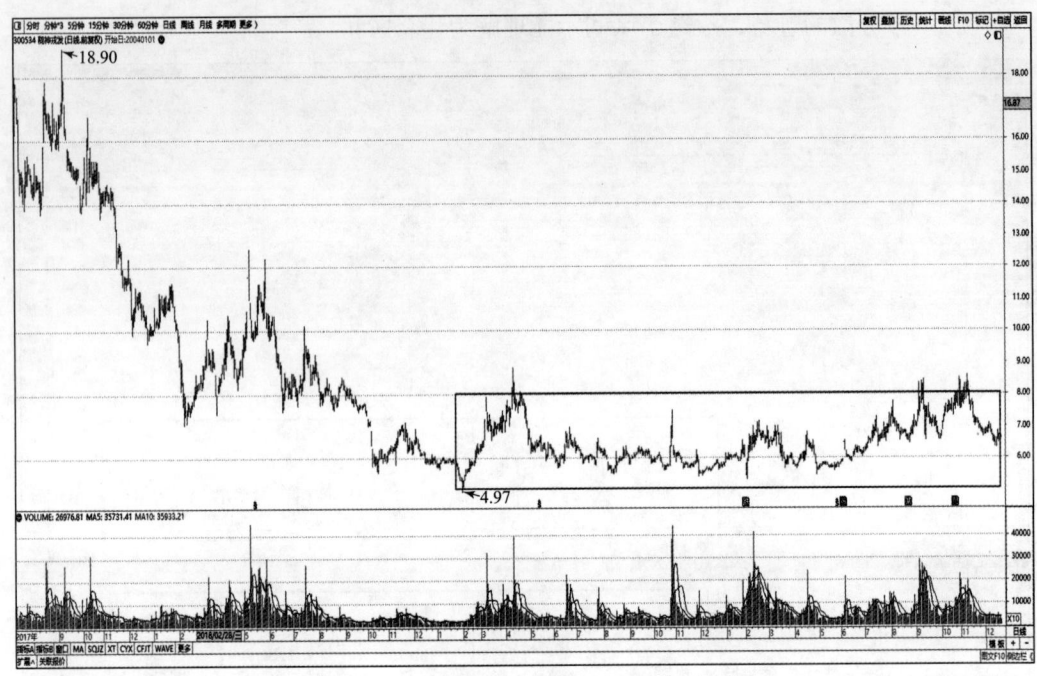

图4-27 陇神戎发（300534）日线（一）

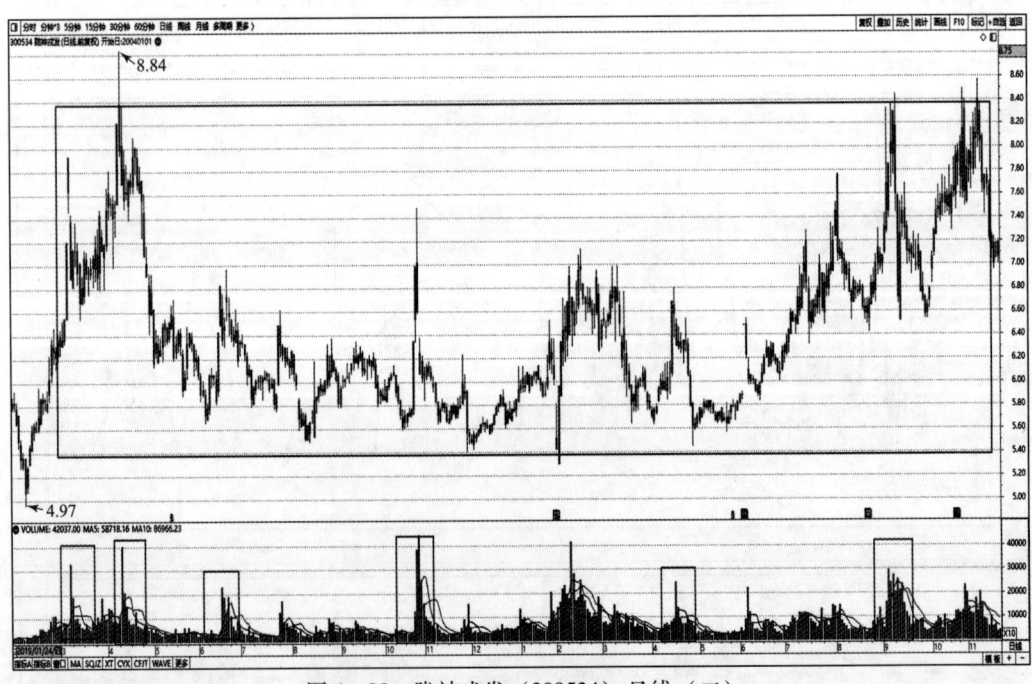

图4-28 陇神戎发（300534）日线（二）

第五章

内生增长

哪些板块容易出现跨越牛熊的上涨行情？具备哪些基本面特性的个股更容易出现主升浪行情？请认真阅读本章，你或许会有意想不到的收获。

第一节 跨越牛熊

在股市里,仅分析基本面,一些板块的品种是比较容易走出主升浪行情的,这些品种主要集中在食品板块、生物制药板块、酒水板块、饮料板块等。这些品种平时应该给予更多关注,因为大盘行情有时谁也不大可能看得那么准,如果对大盘趋势判断失误,而又选了强周期的交易品种,那是有可能被套上十年八年的,我们应尽量避免这种事的发生。

在主升浪选股时也要特别注意这种事,如果真的出现大盘暴跌该怎么办?难免会遇到主升浪操作时买入不久就出现大盘暴跌的情况,此时再牛的个股也存在扛不住的可能,在这种极端的情况下,符合主升浪条件的个股也有出现大幅调整的可能,出于对交易安全边际的考虑,在选股的一开始,除了技术面要符合主升浪战法条件外,在基本面层次也要慎之又慎。

如图5-1所示,今世缘(603369)刚上市那会儿我还以为是卖钻石的,后来查了一下该股的公司概况,才知道是白酒企业。白酒板块是一个容易出牛股的板块,比如贵州茅台、五粮液、泸州老窖、古井贡酒、山西汾酒等,上证指数还未越过2007年6124点的高点,但这些企业早已经超过了,而且有的股价已经是2007年的好几倍。白酒板块是以群体的表现来碾压熊市、穿越牛熊的,所以这个板块一旦有新股上市就要特别注意,比如今世缘这种建仓区间符合主升浪底部建仓区间特征的,就要更重视一些。

今世缘是2014年上市的,在上市后也遇到过大盘数次大级别的调整。直到现在,大盘都还没越过2015年的高点,但这股早已经将2015年的高点远远地甩在身后。

那为什么白酒板块容易出牛股(含穿越牛熊的牛股)?因为股市虽有熊市,但熊市里人们照样喝酒。何以解忧,唯有杜康。熊市里的投资者不开心,酒可能会喝得更多,喝着喝着股价就涨上去了。

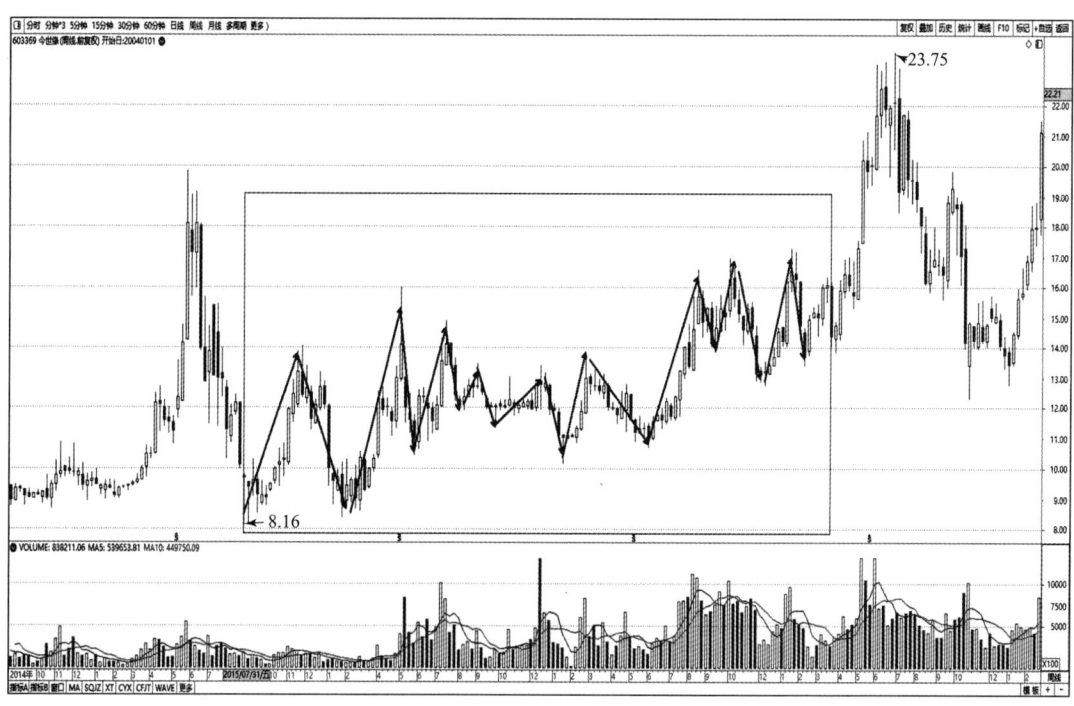

图 5-1 今世缘（603369）周线（一）

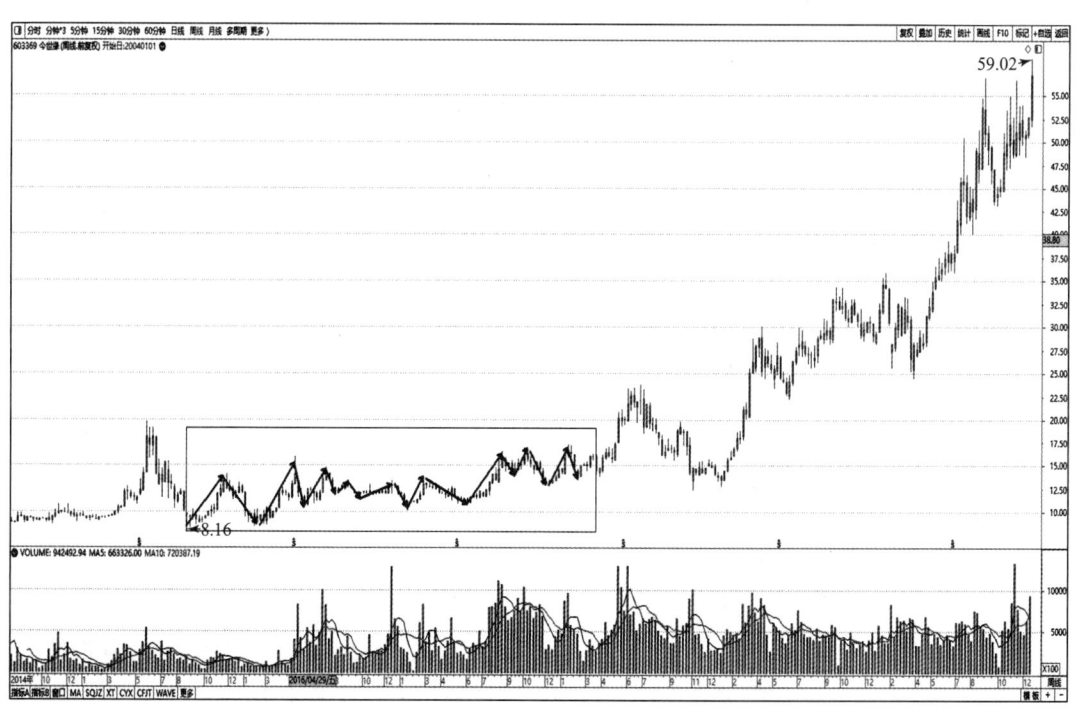

图 5-2 今世缘（603369）周线（二）

如图 5-3 所示，洽洽食品（002557）也是一个复合结构的底部强结构的建仓区间，2011 年上市后，也遇到过大盘数次大的调整，但股价越挫越勇，现在似乎很难看到上市的起点位置了，因为太低了。这企业没上市之前我就喜欢上了。我有个习惯，遇到不开心的事，要么喝点小酒、吃点花生米，要么就搬个小板凳嗑瓜子，洽洽瓜子就是那种我喜欢的味道。

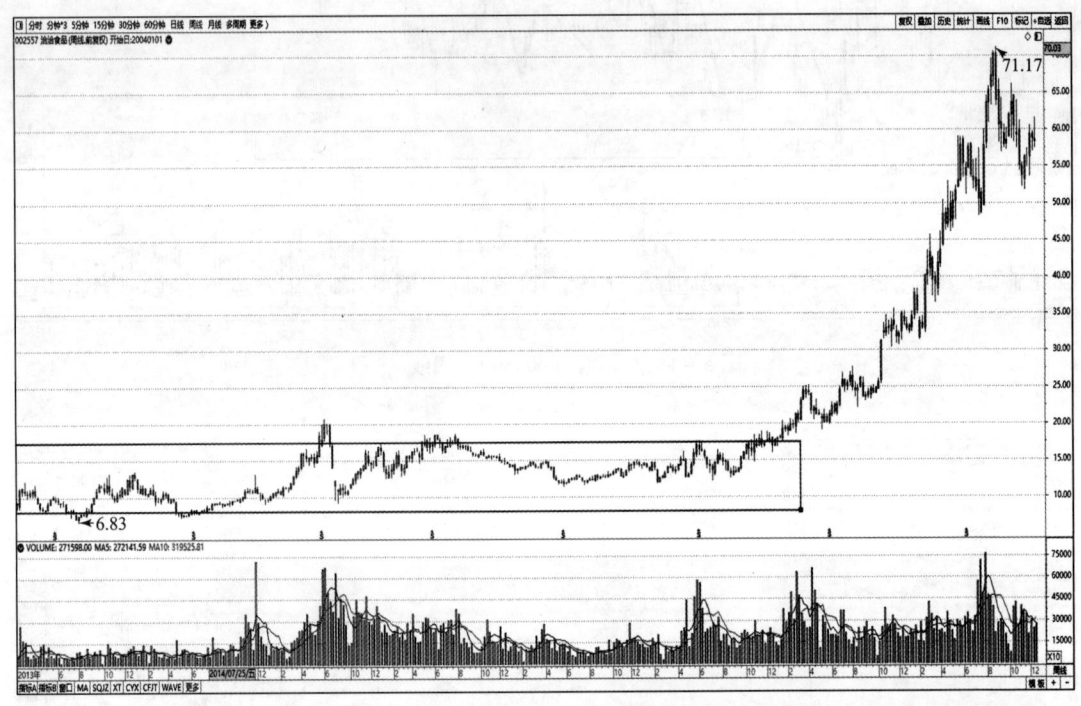

图 5-3　洽洽食品（002557）周线

生物医药、食品、乳制品、饮料、酒水等板块属于弱周期板块，或者可以认为是刚需板块，受经济周期的影响很小，受大盘波动的影响也不大，这些板块中容易出现跨越牛熊的品种，在交易选择时需要更加留意。如果说强结构的建仓区间给了一个很好的交易安全底座，那么这些容易跨越牛熊的品种就类似一个安全气囊，遇到大盘极端大幅调整时会给交易者很好的保护，能使交易者受伤之后快速地恢复过来，这非常重要。

更多案例见图 5-4 至图 5-8。

第五章 内生增长

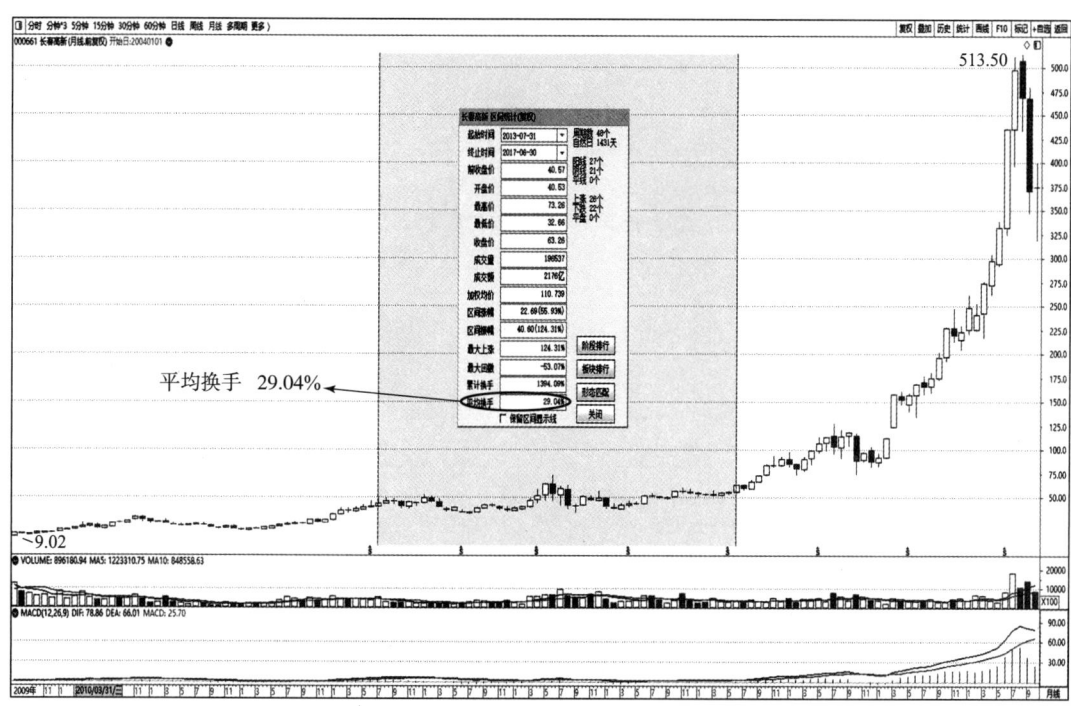

图 5-4 长春高新（000661）月线（医药企业）

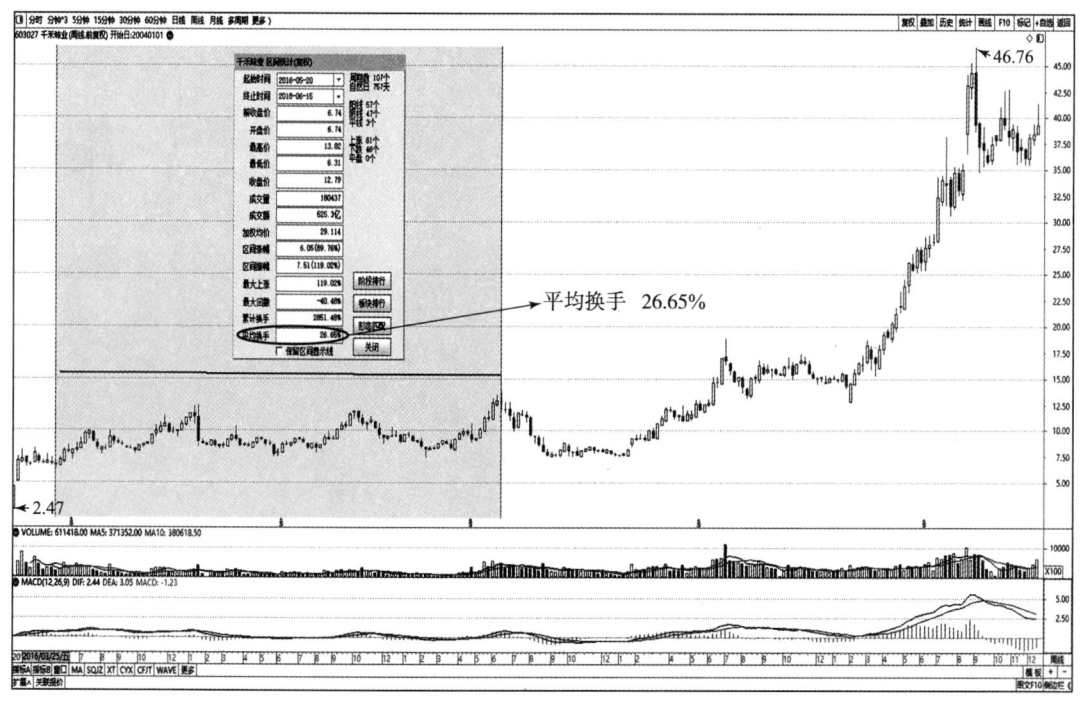

图 5-5 千禾味业（603027）周线（调味品企业）

· 63 ·

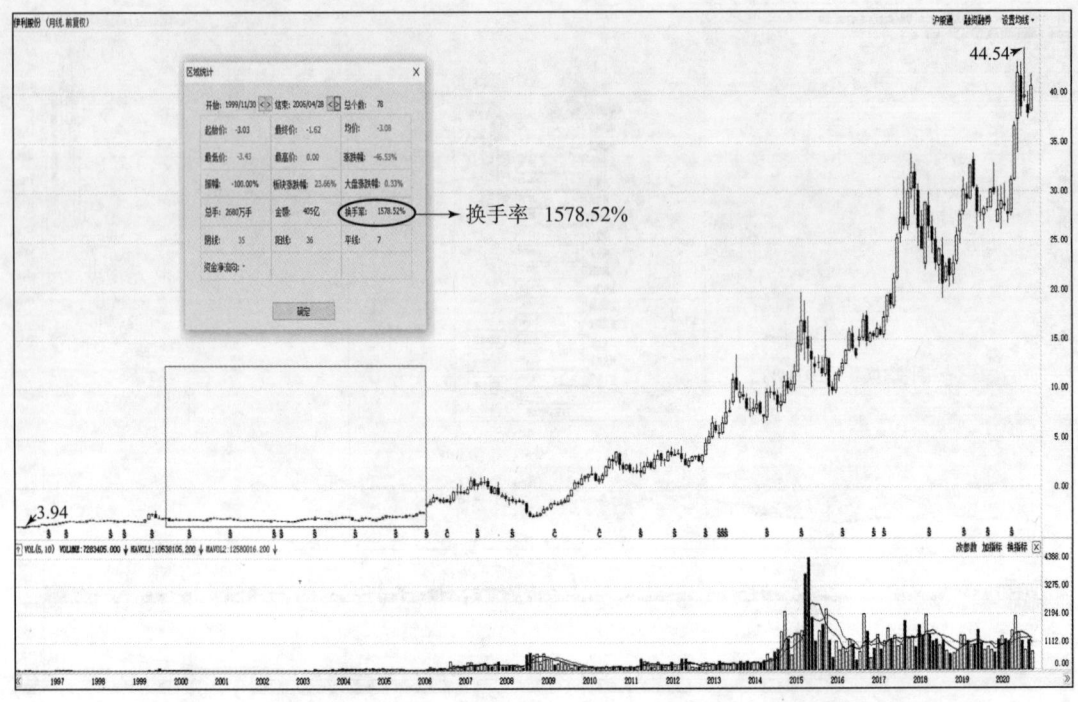

图 5-6　伊利股份（600877）月线（乳制品企业）

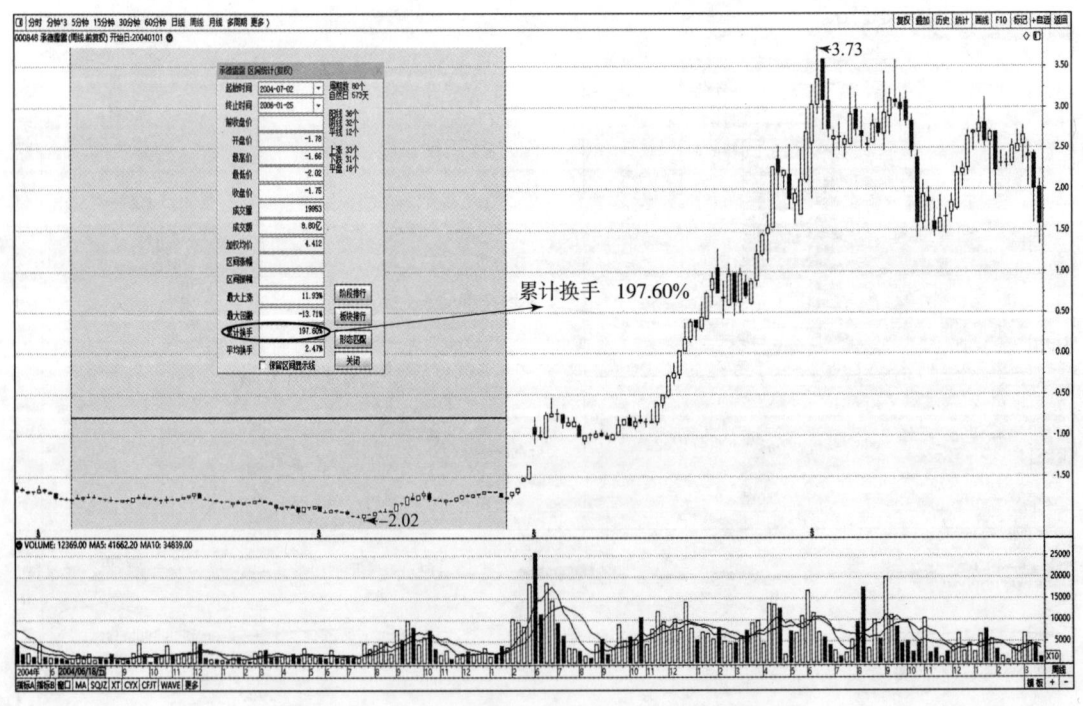

图 5-7　承德露露（000848）月线（饮料企业）

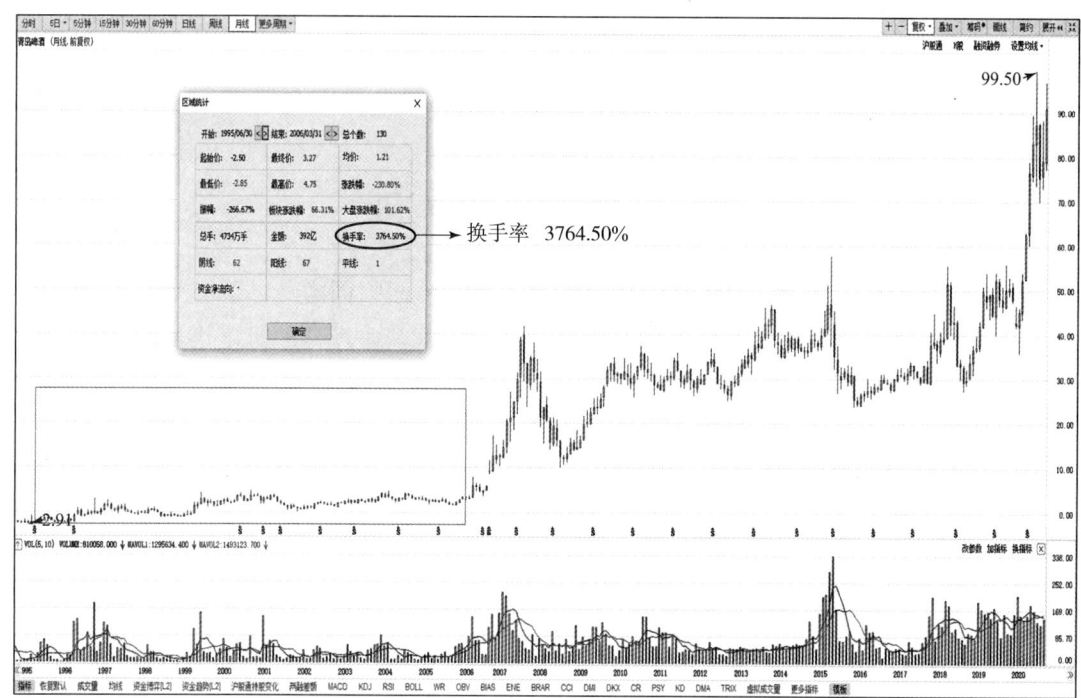

图 5-8 青岛啤酒（600600）月线（啤酒企业）

第二节　护城河

企业发展最困难的阶段是创立之初就要面临同类产品的竞争。最终能在竞争中发展成为大企业的只是少数，所以企业经营的难度堪比炒股，那是相当的不容易。

不要简单地理解主升浪只是技术层面的大幅拉升，不能太执着于技术。换一个视角来看主升浪问题，你会发现很多个股的主升浪往往伴随着企业盈利的大幅提升，如果你以一个生意人的角度，或企业家的角度来看待这事，可能会豁然开朗。

企业家，特别是中小企业家，最关心的问题是如何把企业的产品卖出去，卖不出去企业就没利润，没利润的企业将面临什么，不难猜想。如果我们以企业家的视角去选择符合主升浪条件的个股时，应该选哪些呢？

如果企业的产品是独特的，那便是不愁销路的，从这个角度来看，就不难理解陈发树先生为何这么多年一直钟爱云南白药（000538）了，如图5-9所示。

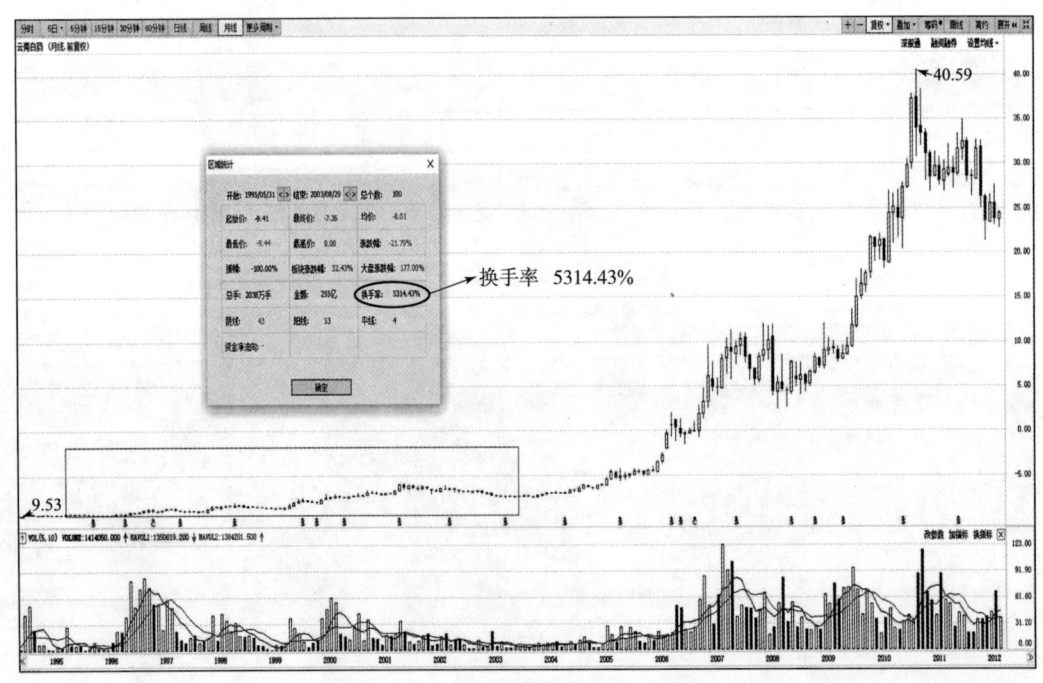

图5-9　云南白药（000538）周线

云南白药于1993年上市,上市近30年来,股价涨了约1000倍,为什么会这样?因为云南白药的产品具有独特性,企业具有很好的"护城河",面对的竞争压力极小,所以很容易发展壮大,该股现在的市值在1000亿元附近,但可能还在成长的路上,如图5-10所示。

图5-10 云南白药(000538)月线(复权后走势)

同仁堂(600085),百年老字号,上市后涨幅惊人,和云南白药类似,上市不久后就出现了强结构的建仓区间,如果当初选了它们该多好。

山西汾酒、五粮液无人不知、无人不晓,产品独特,"护城河"宽宽的,所以股价涨势很好。

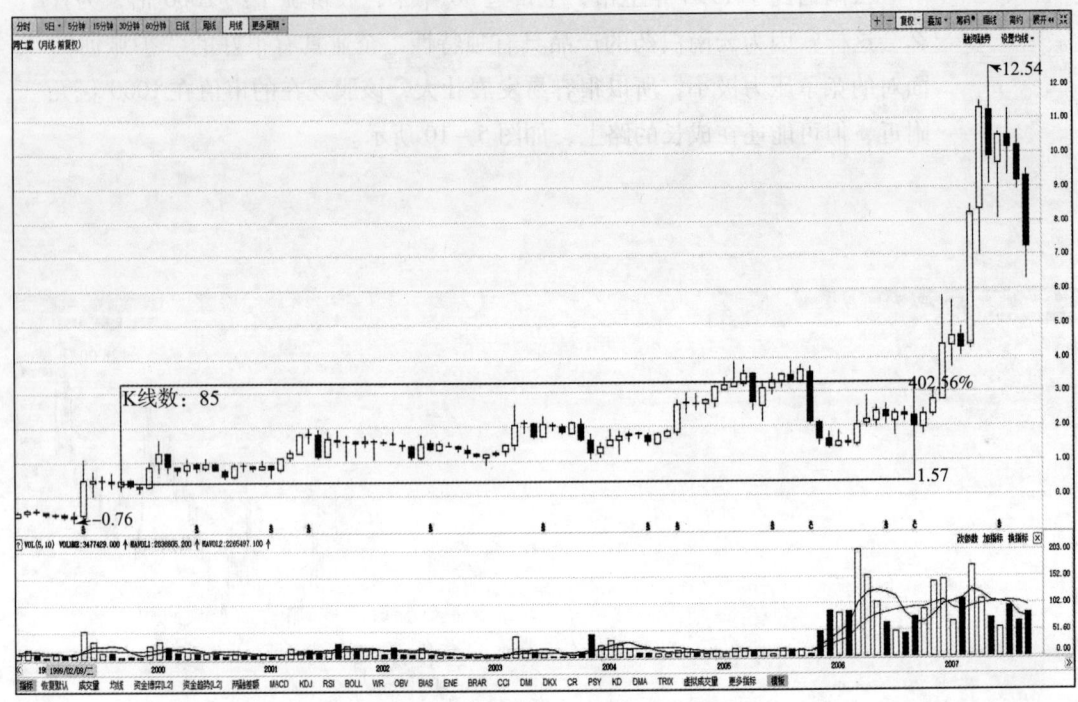

图 5-11 同仁堂（600085）月线

图 5-12 同仁堂（600085）月线（复权后）

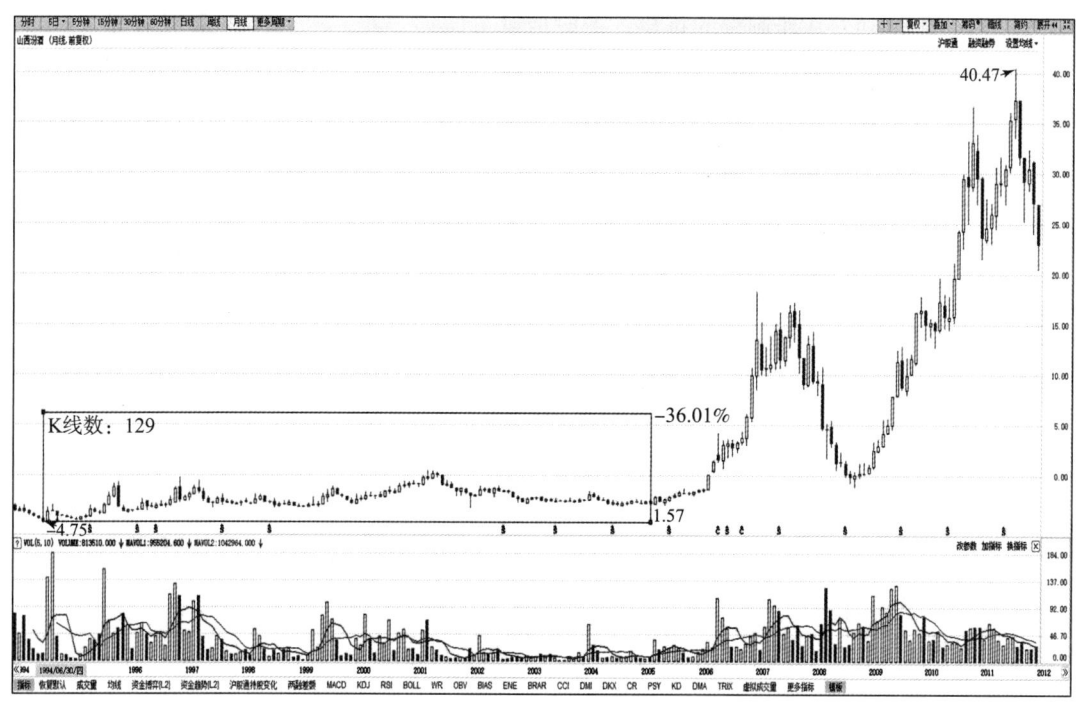

图 5-13 山西汾酒（600809）月线

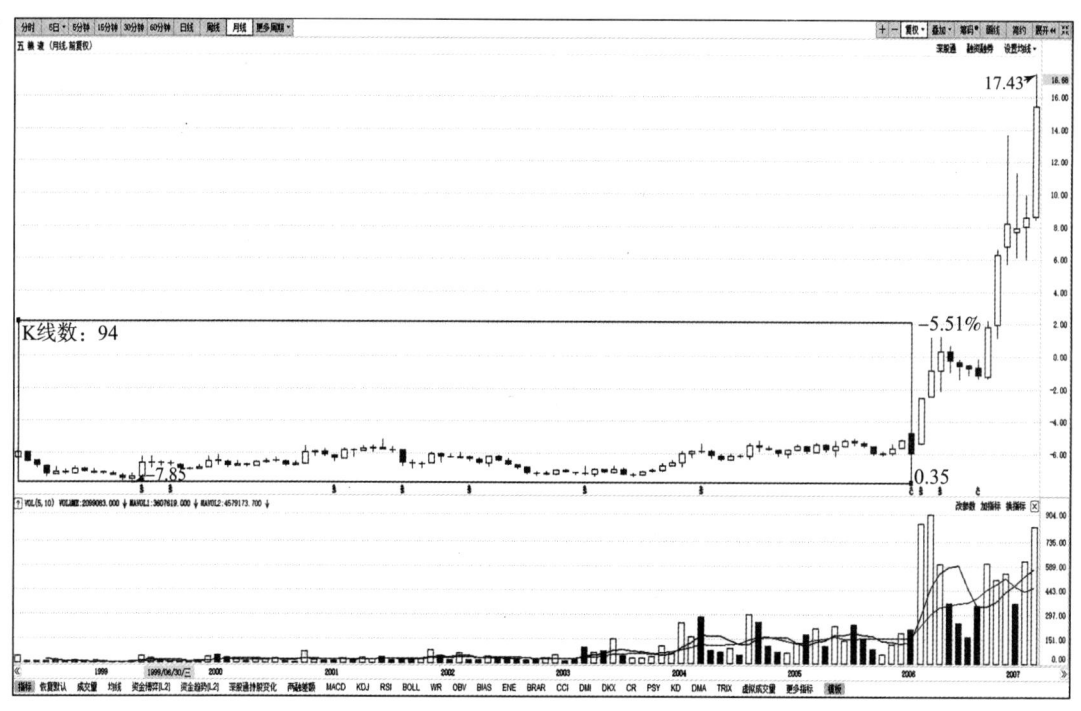

图 5-14 五粮液（000858）月线

随着注册制度的推出，A股后续可能还会有一些独特产品或百年老字号类的企业陆续上市，如果这些企业后续能出现符合主升浪底部建仓特征，那建议读者好好关注。也许这些企业主升浪启动后短线爆发力不是很强，但由于产品的独特性，这些企业主升浪的高度可能会很高。

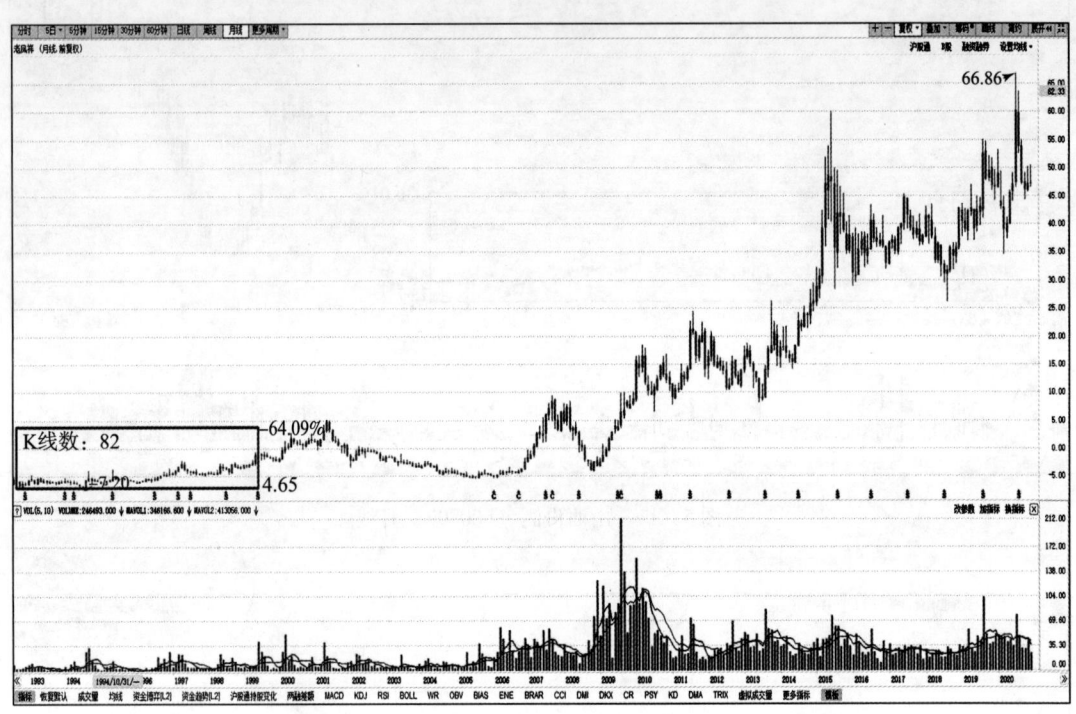

图 5-15　老凤祥（600612）月线（百年老店）

第三节 企业的成长性

人的境界决定了其能达到的高度。从选股层面来看,大格局是远比技术更重要的东西,无论是跨越牛熊的品种,还是有宽广"护城河"的企业,抑或其他中长线的大牛,能决定其一浪高过一浪的最根本因素是企业的成长,是企业营收及净利润的持续增长。

如果对看好的个股没有涨3倍的信心,那最好不要介入,否则股价一旦出现大的震荡,当初所有的美好愿景都会随风而逝。所有的信念都不堪一击,对操作来说,最重要的是信心,信心是远比钻石还要珍贵的东西,所以主升浪基本面选股的第一要义是要找一只能有涨3倍潜力的个股,如果没有这样的信心就不要去买入。

(1) 基本面选股最重要的是行业。

根据我的观察和了解,中小投资者选股存在很大的随意性,很少做深入的研究,大多都是看盘时看哪个股形态好,然后信心百倍地买入,这种只看"颜值"的投资方式很不正确,等股价一跌,那个百倍的信心就所剩无几了,长得漂亮的个股说不定是个"坑"。

如果你选择了产能过剩的个股(如钢铁、纺织等行业的股票),收益可能也不会太高;对于营收和净利润太过稳定的板块(如公路、港口、水电等),个股可能向上的张力也不够。

目前,一般节能环保、新一代信息技术、生物、高端装备制造、新能源、新材料等新兴产业中可能会出现大量牛股;表现在板块方面,可能节能环保、5G、生物制药、新能源汽车等板块中更容易出牛股。

一个企业的成长能力和所处的行业有极大的关系,新兴行业机会一般投资数额巨大,行业内的企业机会很多。对其中一些小企业来说,可能三五个订单就能让其营收和盈利翻倍,所以新兴行业是企业成长的快速通道,体现在股市上,它就很可能是牛股的摇篮。

(2) 企业的毛利率要高,毛利率在该企业所属的行业中排名靠前。

这里指主营业务毛利率。一个公司可能从事多个行业,但严格意义上,其主营业务所属的行业才是该股所属的行业,所以说上面的毛利率可以认为是主营业务的毛利率。

编	代码	名称		每股收益	每股净资	调整后净资	每股公积	每股未分配	权益比%	净益率%	毛利率%↓	营业利润率%	净利润%
1	600519	贵州茅台	R			--	1.09	102.68	82.09	8.78(-)	91.67	76.05	53.65
2	000568	泸州老窖				--	2.54	9.74	70.84	8.10(-)	86.85	64.99	48.06
3	000799	酒鬼酒	R			--	3.57	2.48	79.71	3.80(-)	85.40	40.61	30.74

图 5-16　白酒行业（毛利率排名前三的企业）

编	代码	名称		每股收益	每股净资	调整后净资	每股公积	每股未分配	权益比%	净益率%	毛利率%↓	营业利润率%
1	600600	青岛啤酒	R	0.398(-)	14.46	--	2.42	9.86	52.89	2.75(-)	40.06	12.17
2	002461	珠江啤酒		0.009(-)	3.88		2.03	0.76	72.67	0.24(-)	38.20	5.34
3	600132	重庆啤酒		0.070(-)	3.00	--	0.00	1.54	41.75	2.35(-)	30.59	10.53
4	000729	燕京啤酒	R	-0.087(-)	4.57		1.63	1.21	70.42	-1.91(-)	29.98	-11.42
5	600573	惠泉啤酒		-0.028(-)	4.52		2.02	0.97	91.05	-0.63(-)	25.14	-6.61
6	000929	兰州黄河		-0.107(-)	3.56		1.04	1.39	50.49	-3.01(-)	20.58	-45.51
7	000752	*ST西发		-0.087(-)	0.05		0.09	-1.31	1.40	-181.82(-)	17.17	-39.64

图 5-17　啤酒行业（毛利率排名）

一个企业的产品毛利率较高，说明该公司的产品在行业内认同度较高，产品相对容易销售出去，或者说公司在该行业内拥有一定程度的定价权，而这些都是公司能够逐步发展壮大的基础。毛利率较低的公司即便小，但其产品也有可能因得不到认同而销售不出去，这类企业有可能会消失。

（3）净利润呈递增之势。

如图 5-18 和图 5-19 所示，道恩股份（002838）低位建仓的三年，

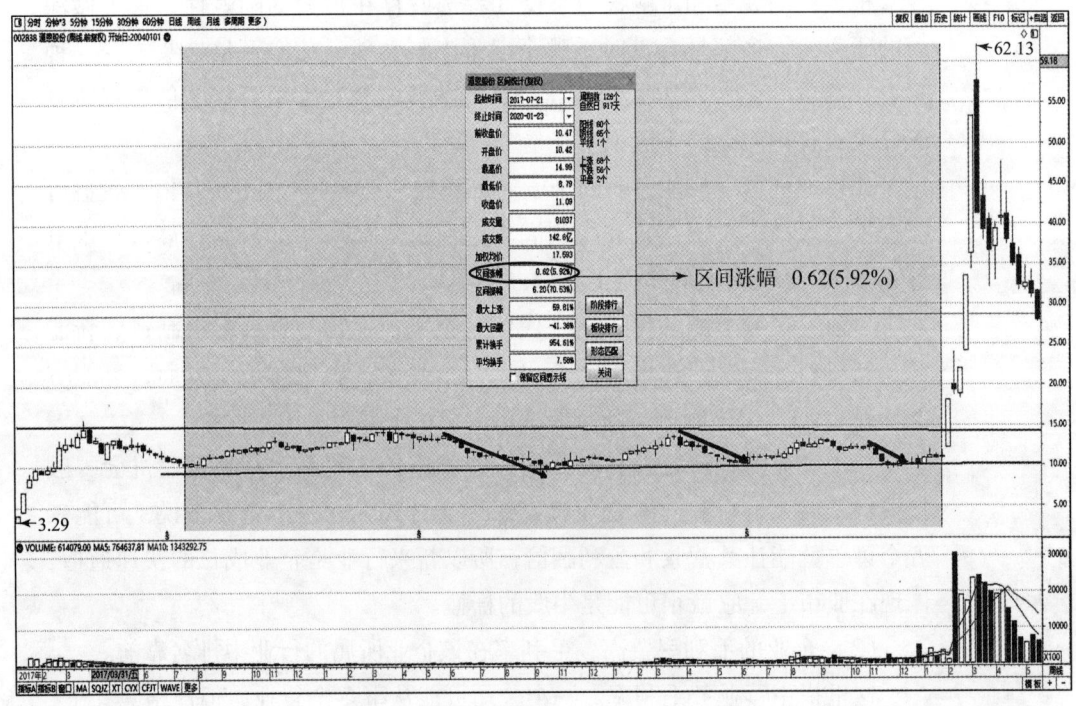

图 5-18　道恩股份（002838）（一）

```
┌─────────────┬────────────────────────────────────────────────────────────────────────┐
│ 002838      │ 最新提示 │ 公司概况 │ 财务分析 │ 股东研究 │ 股本结构 │ 资本运作 │ 业内点评 │ 行业分析 │ 关闭 │
│ 道恩股份    │ 公司大事 │ 港澳特色 │ 经营分析 │ 主力追踪 │ 分红扩股 │ 高层治理 │ 龙虎榜单 │ 关联个股 │      │
└─────────────┴────────────────────────────────────────────────────────────────────────┘
```

☆财务分析☆ ◇002838 道恩股份 更新日期：2020-04-09 ◇港澳资讯 灵通V7.0
☆【港澳资讯】所载文章、数据仅供参考，使用前务请仔细核实，风险自负。☆
★本栏包括【1.财务指标】【2.报表摘要】【3.异动科目】【4.环比分析】★

【1.财务指标】
【主要财务指标】

财务指标	2020-03-31	2019-12-31	2018-12-31	2017-12-31
审计意见	未经审计	标准无保留意见	标准无保留意见	标准无保留意见
净利润(万元)	6939.89	16619.05	12242.45	9379.78
净利润增长率(%)	91.6016	35.7493	30.5197	18.2509
营业总收入(万元)	61916.59	273544.08	136253.32	93408.53
营业总收入增长率(%)	-8.0198	100.7614	45.8682	16.8067
加权净资产收益率(%)	6.2000	16.3900	13.7500	11.7300
资产负债比率(%)	41.7774	39.8889	42.2648	14.9497
净利润现金含量(%)		109.3367	113.0320	24.8533	35.8144
基本每股收益(元)	0.1700	0.4100	0.3000	0.3700
每股收益-扣除(元)	-	0.3800	0.4400	0.6600
稀释每股收益(元)	0.1700	0.4100	0.3000	0.3700

图 5-19 道恩股份（002838）（二）

也是企业净利润高速增长的三年，技术形态上底部坚实，从基本面看股价起涨的根基也很坚实。

（4）营业收入呈递增之势。

一个高速发展中的公司，销售费用、管理费用等可能会快速增加，可能会在一定程度上摊薄公司的净利润，但有一项财务数据绝大多数会快速增长，那就是营业收入。

如图 5-20 所示，可知道恩股份（002838）在 8 年的时间里，营收增长了约 8 倍。

股价上涨的原因很多，但营业收入快速增长导致的股价上涨是内生性质的，所以让人感觉非常踏实。比如上面提到的道恩股份，其实是在 2020年 1 月底才起涨的，也就是说在企业营收和净利润快速增长的这么多年里，可能很多人都没正眼瞧它一下，这是为什么呢？

国恩股份（002768）的营业收入 8 年的时间增长了约 13 倍，但股价也是 2020 年 1 月份起主升起涨的，错过机会的感觉可能会很不好受，但有时就这样，没得到似乎比失去更难受。

该股是 2015 年上市的，从技术架构上看，上市后至 2020 年 1 月份近 5 年的时间里一直处于大资金底部建仓状态。有时我就想，该股的主升浪起涨是不是因为业绩太好而挡不住了呢？

图 5-20 道恩股份（002838）营收增速

图 5-21 国恩股份（002768）营收增速

  一个企业的成长性是企业能否成为长线牛股的关键，微软是这样，苹果也如此，这是最根本的原因。技术分析解决不了所有问题，简单但有效的基本面分析需要知道一些。难道你不想在A股中找到自己的"苹果"吗？

第六章
主升浪起爆点

起爆点是主升浪战法的核心部分之一，把握主升浪的起爆点对于实盘捕捉主升浪至关重要。那主升浪起爆点有何特征？如何把握主升浪的起爆点？请认真阅读本章内容自有答案。

第一节 因缘际会：常识之美

请静下心来读这一节，我知道很多朋友很忙，我也知道很多朋友可能读了很多技术分析方面的书籍。但从我的体验来说，我可以负责任地告诉你，股市是一个极为特别的市场，很多技术分析系统未必适合A股市场，而且是无法兼容的。而读的书越多在实际操作时会让你想到各种各样的操作策略，当各种各样的操作策略困扰着你时，你就会迟疑、犹豫，会思路不清晰，会不自信，而当你不自信时也就是你要离开股市的时候了。股市需要的是自信、勇敢、强悍，这样的操盘者才能活得更好。所以，真正能适合你自己、真正能带给你操作勇气和自信的、真正能让你弄明白的可能也就是某一本书、某一本书的某一章节、某一章节的某一句话。

当你看某一只符合主升浪颜值标准的股票很顺眼时，请你不要着急，请你先卸下对这只股票的所有技术特点的思考，然后去静思、去冥想，想清楚一件事：能让该股大幅上涨的动因是什么？什么样的条件能让股价翻倍？这很重要，未来的良景预期是股票走牛的关键。

如果你不知道怎样冥想就先静下心来思考一下一般的个股主升浪行情的推动因素是否会出现，主升浪的推动因素有哪些。例如：

（1）指数拉升预期；

（2）资产注入预期；

（3）外延收购预期；

（4）借壳预期；

（5）业绩预增预期；

（6）大事件驱动预期。

一般的个股主升浪的推动因素有以上6点，当然还可能有其他因素，尽管去想。思维是无界的，不要让太多的条条框框束缚住。

需要注意的是，上文的第（1）点和第（6）点是要首先考虑的，也是要经常考虑的。

例如，2020年7月2日，上证指数（图6-1）突破长达2年多的压力位，这是指数具备了大幅拉升预期，此时第一反应就是要备选券商股了，这应该是条件反射般的思考和操作。A 股 20 多年来的走势证明，只要指数在重要位置突破或有走牛预期，一般是券商板块先大幅拉升。

图 6-1 上证指数示意

例如，美国 2020 年 3 月准备以无限量化宽松来应对其股市的暴跌，这时你会想到什么呢？正常思维下可能就是通胀来临时，黄金价格可能要大涨了。股市投资者可能没技术，没技术并不可怕，有常识一样能赚钱。

例如自 2020 年 2 月以来，美国疫情越来越严重，所以 A 股中的疫苗板块 3 月以来就批量出现了很多牛股。例如该板块中的西藏药业，它是于 5 月份才启动的，到 7 月底，两个月涨幅近 6 倍。

大资金的操作是遵从一定逻辑的，几乎所有主升浪的拉升都是天时、地利、人和的结果，拉升的推动因素是主升浪起来的最大动力。凝聚人气的个股才容易拉升、才方便出货，这是整个市场最真实的写照。

至于其他思考点方面的例子就不再多说了，平时一定要多思考宏观层面的事情，看看哪些板块和个股受益，再考虑选股。思维架构一定要遵从这个逻辑，在此逻辑下，选定个股之后再考虑该股其他方面的预期拉升促因。

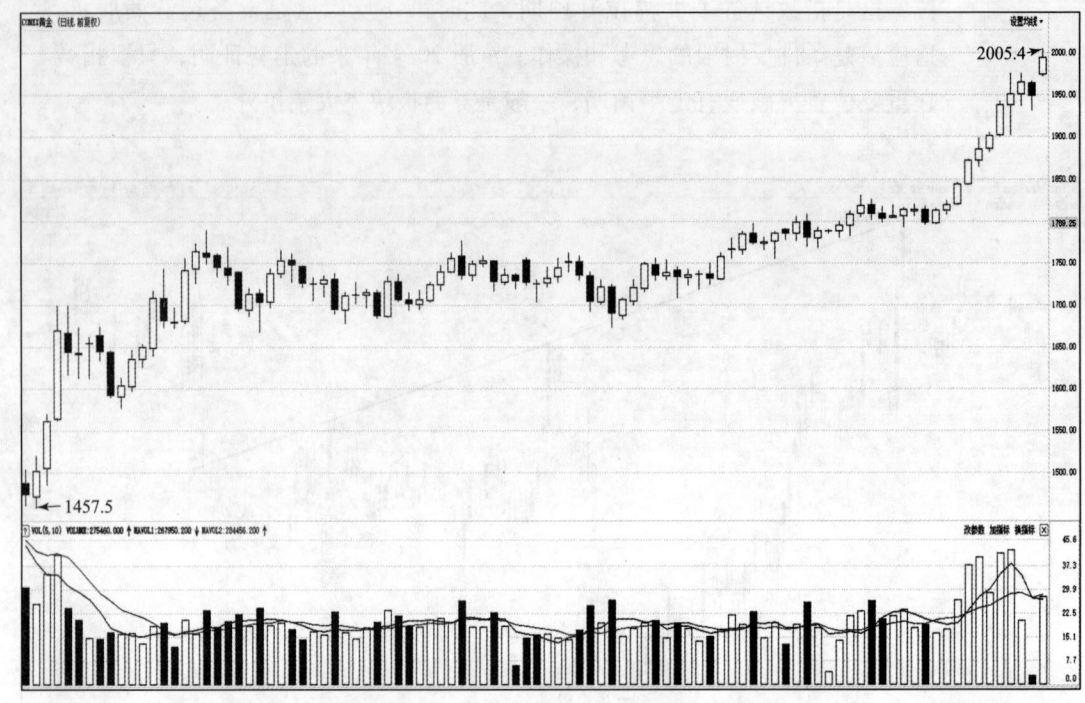

图 6-2　国际金价，2020 年 3—8 月初涨了约 40%

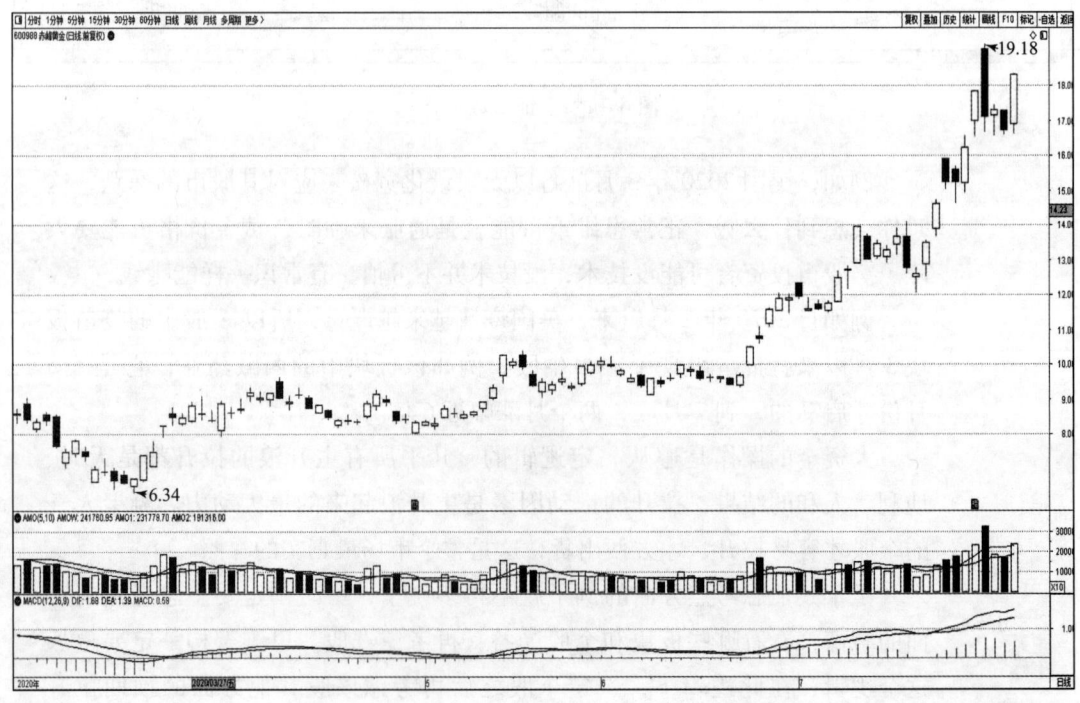

图 6-3　A 股中的赤峰黄金（600988）从 2020 年 3 月至今涨了约 3 倍

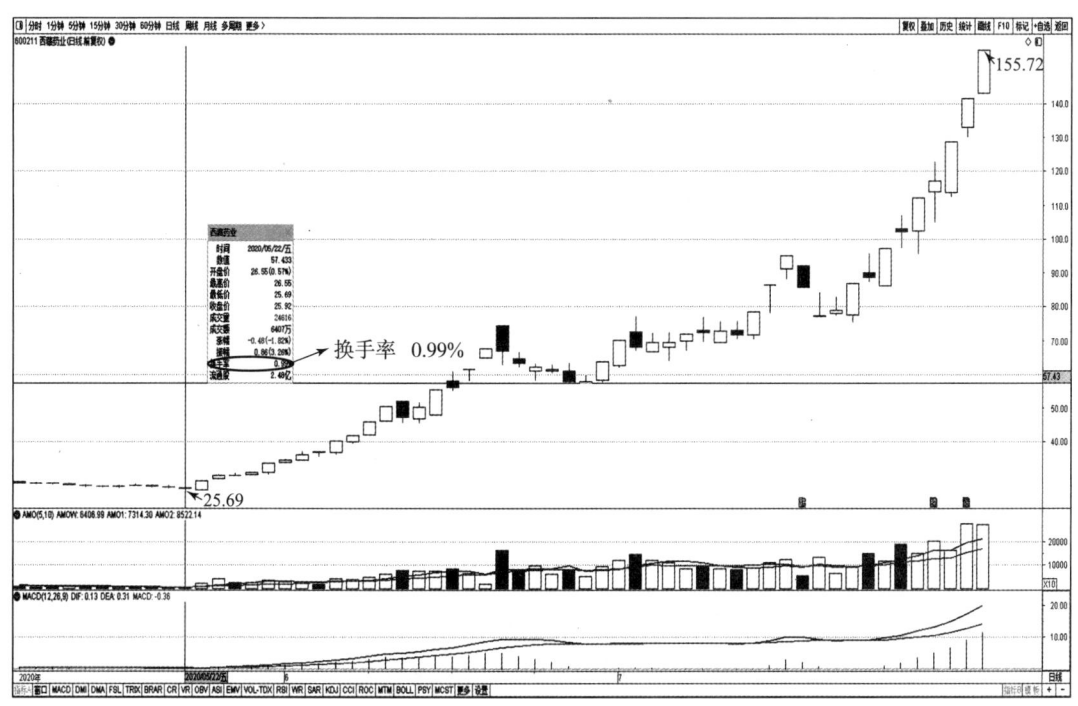

图6-4 西藏药业（600211）

这是选股时必做的功课。

为什么建议读者朋友静下心来读这一节，因为很多读者朋友可能属于技术派高手，可能更喜欢研究K线走势，甚至痴迷于其中。但这一节要求大家跳出来，跳出技术分析的圈，让大家更多地从普通人都明白的最简单的常识来思考问题。我认为，让一个精明人重新以普通人的视角思考问题，很难。

第二节　震荡区间缩窄至极致

在主升浪建仓区间内，随着大资金建仓操作的推进，由于市场中存在的浮动筹码越来越少，其拉升的幅度和下压的幅度会越来越小，这意味着筹码越来越集中在大资金手中。当建仓区间波动减小到极致时，就要高度注意了，因为这意味着大资金建仓可能基本完成了，此时主升浪就具备了随时启动的可能。

复星医药（600196）在建仓区间内，其拉升幅度为 $A_1 > A_2 > A_3 > A_4$、调整幅度为 $B_1 > B_2 > B_3$，随着大资金建仓操盘的推进，波动幅度越来越小，这时就应多看图，抓主升浪。

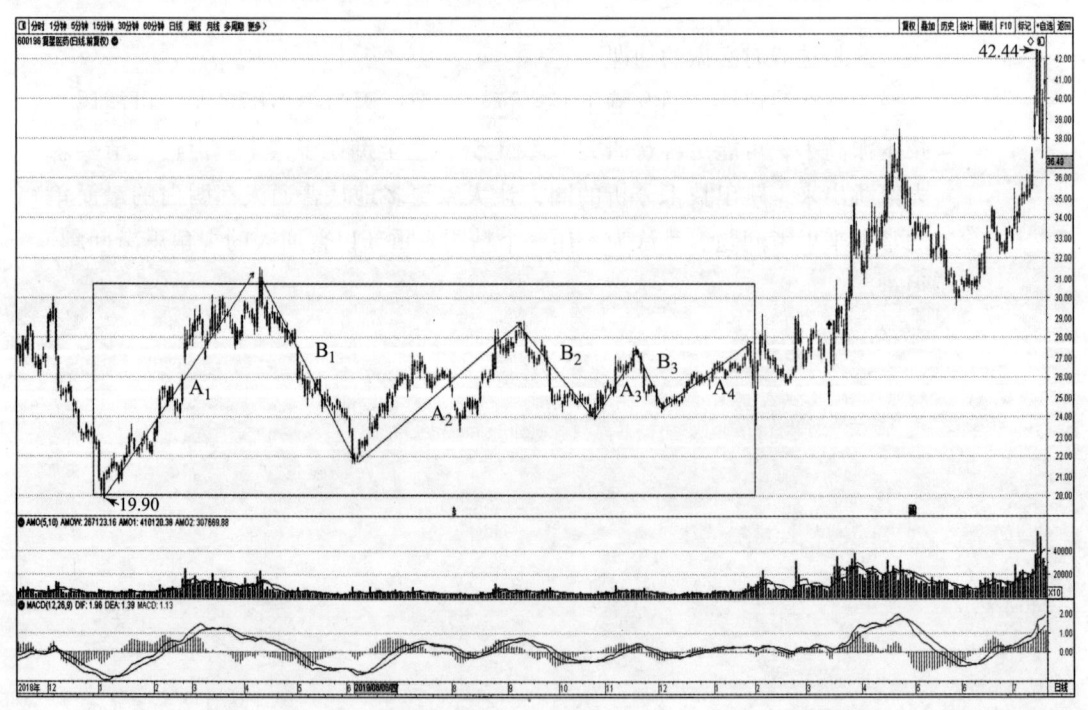

图 6-5　复星医药（600196），建仓区间为 2019 年 1 月—2020 年 2 月

西藏药业（600211）在建仓区间内，其拉升幅度为 $A_1 > A_2 > A_3 > A_4$，调整幅度为 $B_1 > B_2 > B_3 > B_4$，随着大资金建仓操作的推进，波动幅度逐渐缩小到极致，主升浪似有一触即发之感。

图 6－6　西藏药业（600211）周线（2018 年 2 月—2020 年 5 月）

如图 6－7 所示，为英特集团，建仓区间（2019 年 2 月—2020 年 5 月）的周线。

建仓区间波动缩窄至极致是主升浪即将启动的参考要素之一。但需注意的是，这并不是充要条件，有些个股建仓区间不出现这样的特点也有可能启动。市场走势从来都是多姿多彩的，千篇一律的走势岂不是太过无趣。

那主升浪即将启动之际还有哪些技术特征呢？请看第三节。

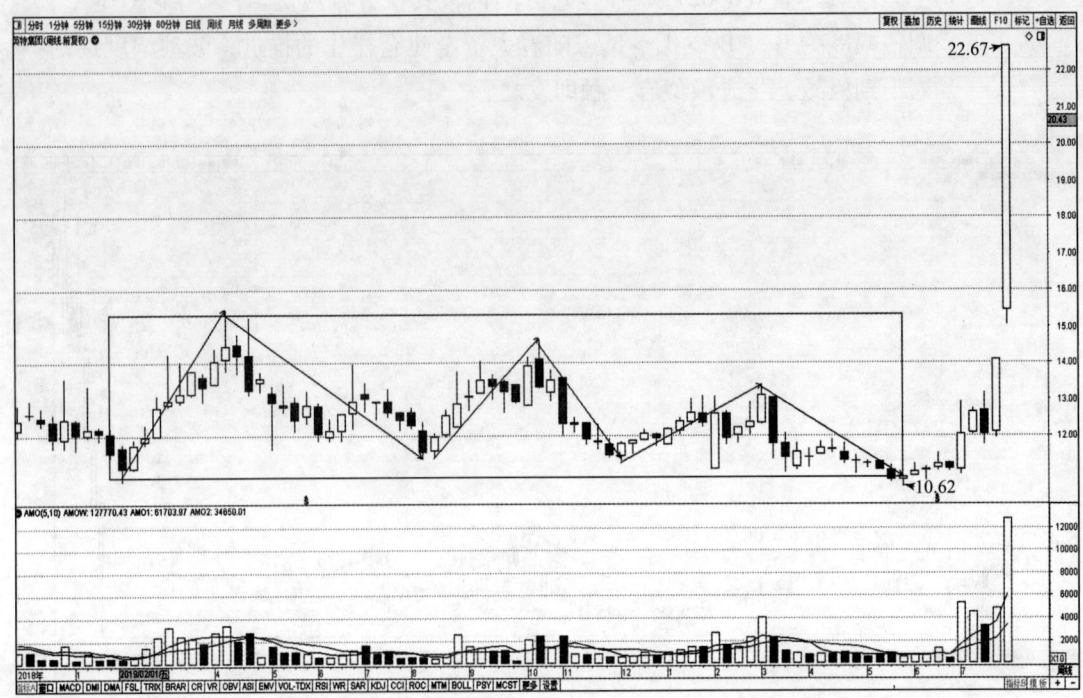

图6-7 英特集团2019年2月—2020年5月周线

第三节 均线多周期共振排列

当大资金建仓完毕即将拉升之际,一般该股的日均线多呈多头排列,即该股的5日线、10日线、30日线、60日线、120日线呈多头排列,且该股的5周线、10周线、30周线、60周线顺序实现多头排列,但这不算完,还要求该股的5月线、13月线、21月线呈多头排列。

我们对此进行实战优化处理:

月线:5、13、21;

周线:5、10、30、60;

日线:5、10、30、60、120。

操作时,我们将实现了上述三组均线同时多头排列的股票称为均线多周期共振。

举个例子,比如西藏药业(600211)。如图6-8至图6-10所示,2020

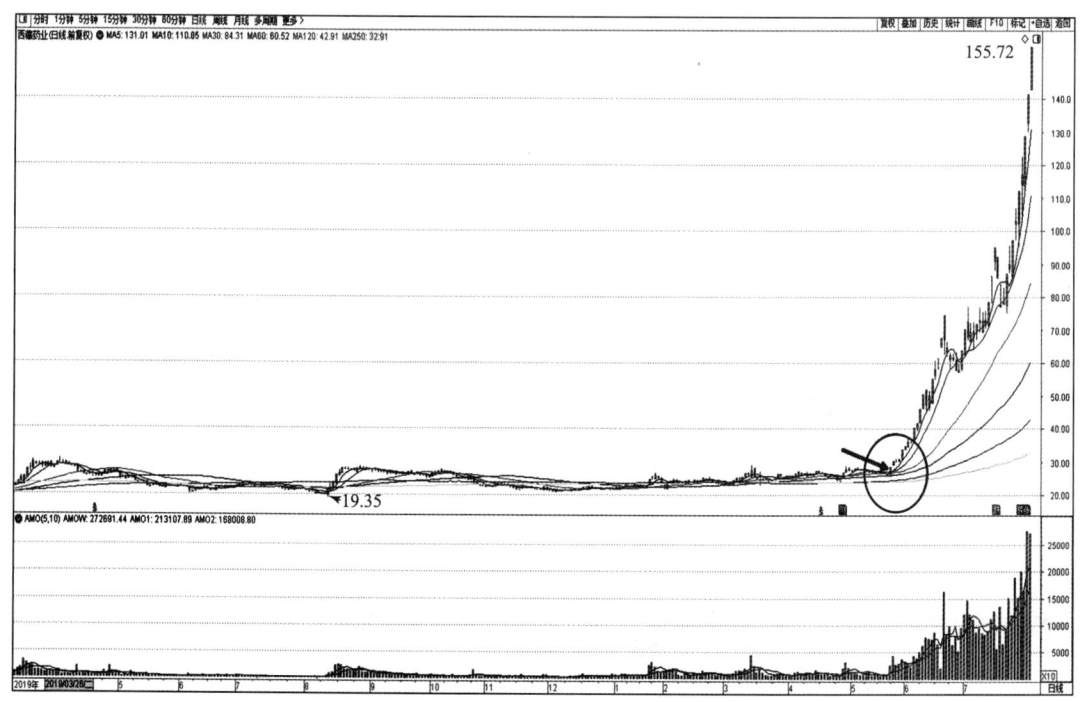

图6-8 西藏药业(600211)日线多头排列

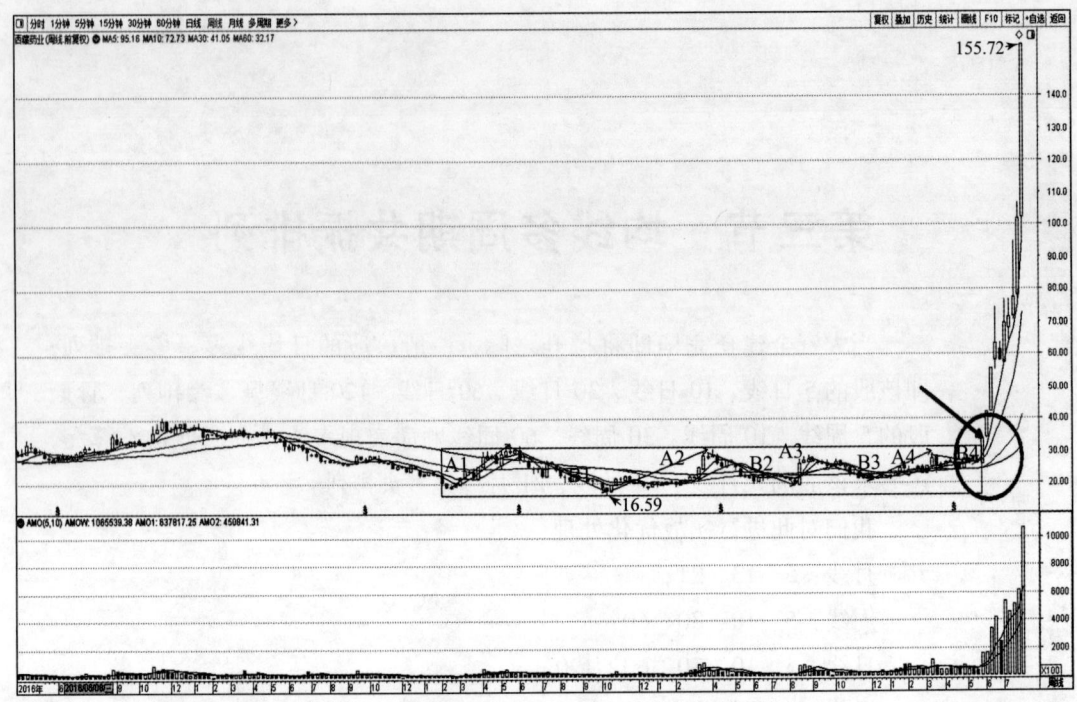

图6-9 西藏药业（600211）周线多头排列

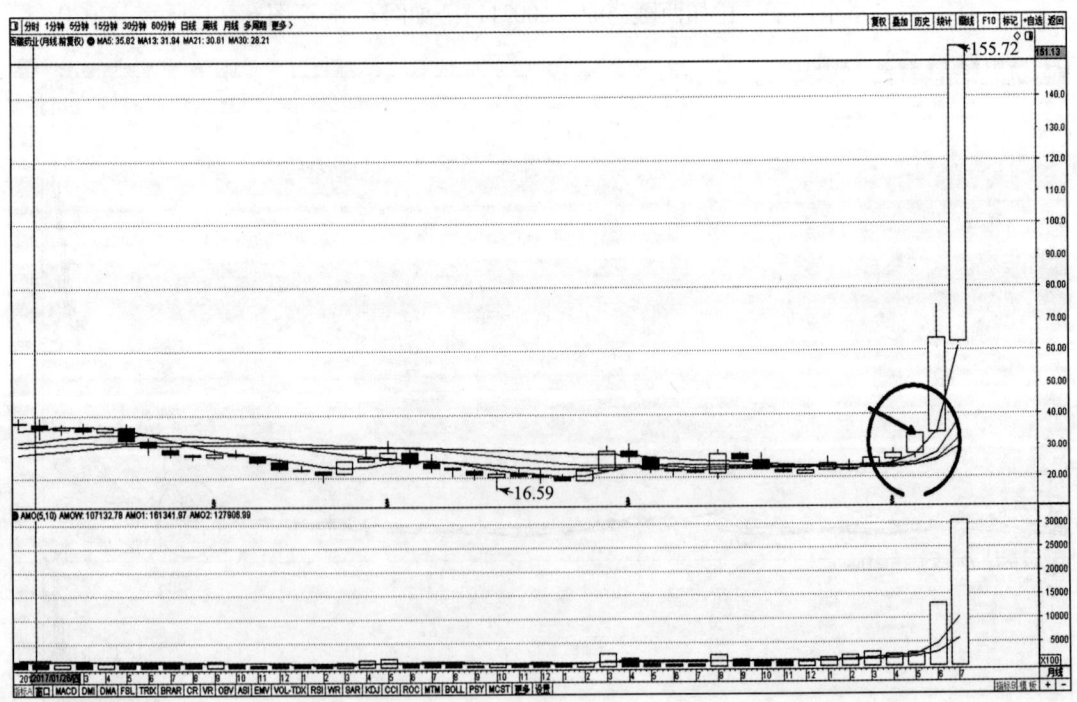

图6-10 月线多头排列

年 5 月 25 日主升浪启动时，该股日线、周线、月线全部实现了多头排列，这就为主升浪起爆点的到来做好了准备。

均线多周期共振意味着个股各周期已经处于多方向上攻击态势，所谓万事俱备，稍有火星，即可成燎原之势。

均线多周期共振其实也为我们提供了一种思路，即先选择符合多周期共振的个股，然后从中择优录取符合主升浪条件的个股。

如图 6-11 至图 6-18 所示，在"功能"菜单中找到"选股器"选项，单击其中的"条件选股"公式，从下拉框中选择"均线多头排列"选项，然后把日线、周线、月线设置为上述均线加入条件即可，这样就能选择同时符合三个级别均线多头排列的股票了。然后单击"保存方案"可以把这个方案起名为"多周期共振"，下次直接点击里面的"引入方案"按钮即可调出这个选股方案。然后单击右下角的"执行选股"选项，即可选出多周期共振的个股。

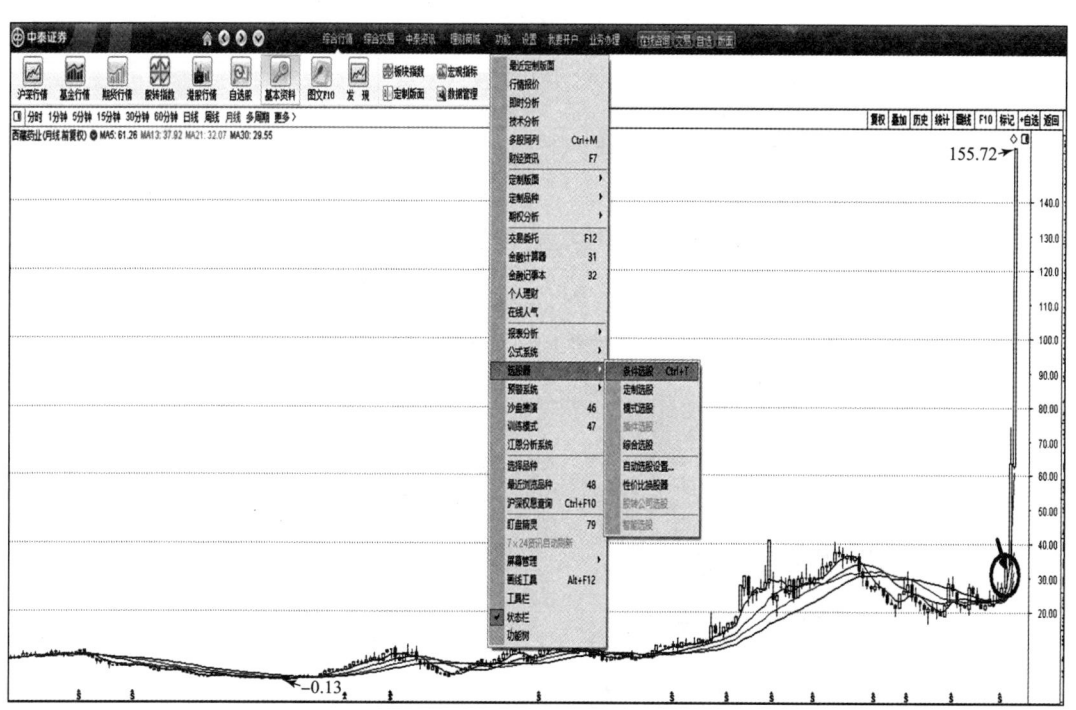

图 6-11　操作步骤（一）

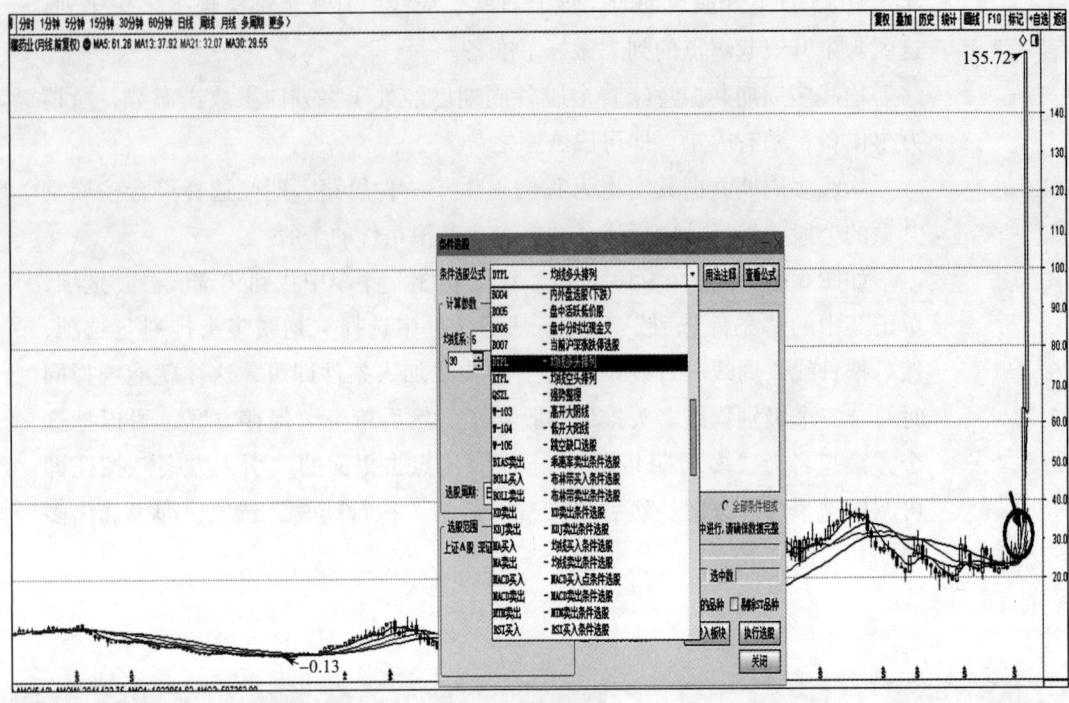

图 6-12 操作步骤（二）

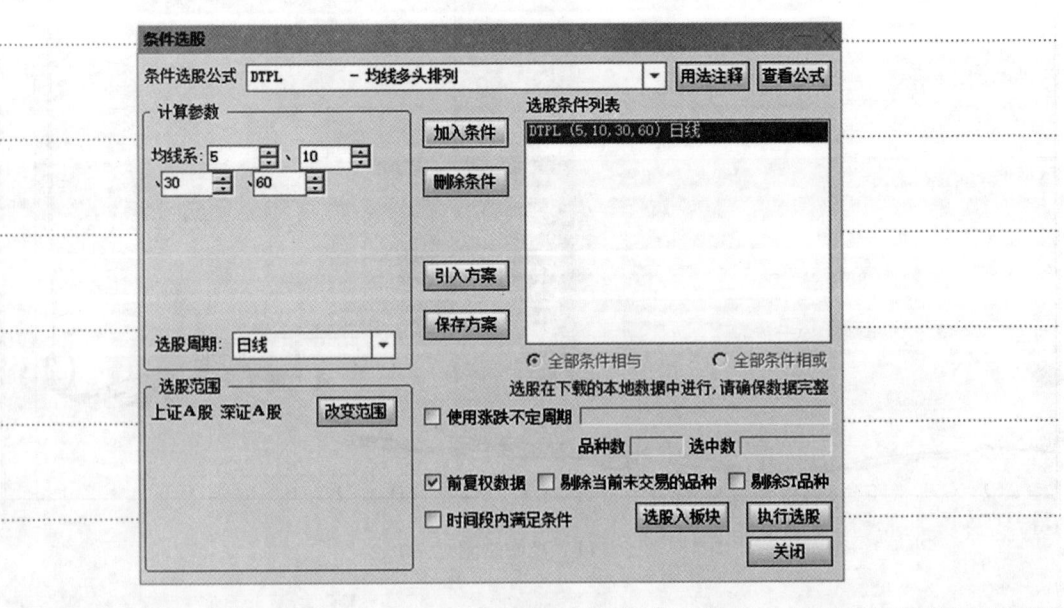

图 6-13 操作步骤（三）

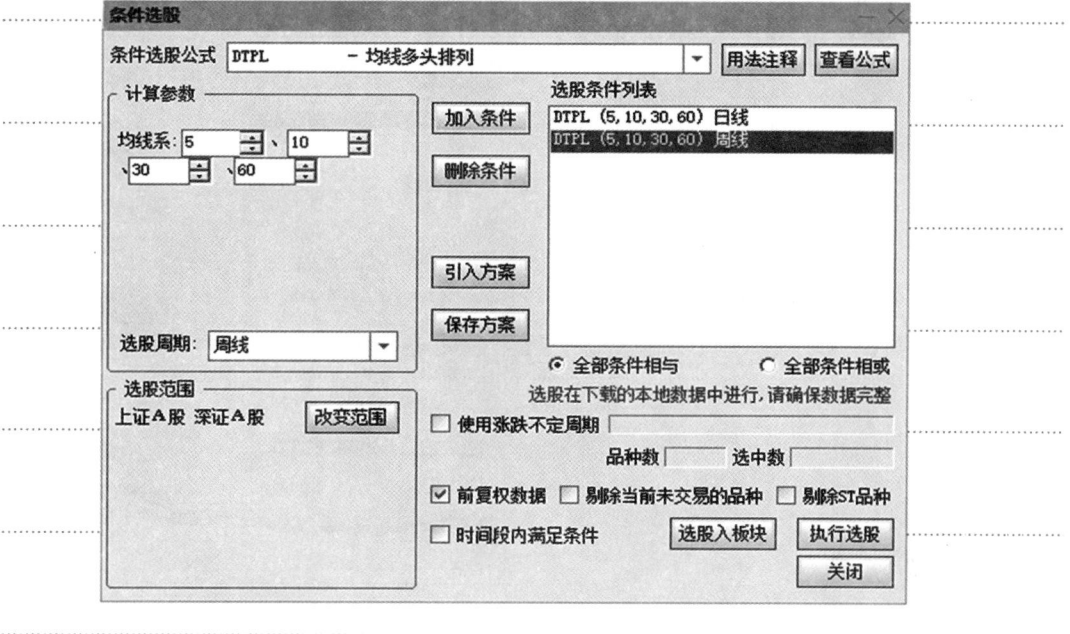

图 6-14 操作步骤(四)

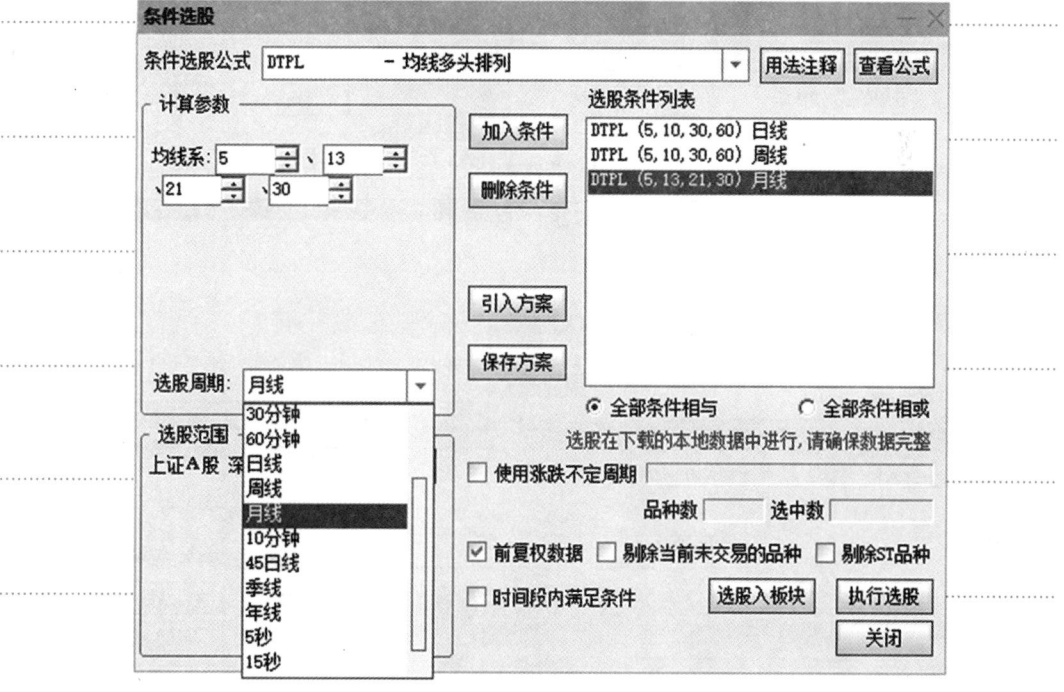

图 6-15 操作步骤(五)

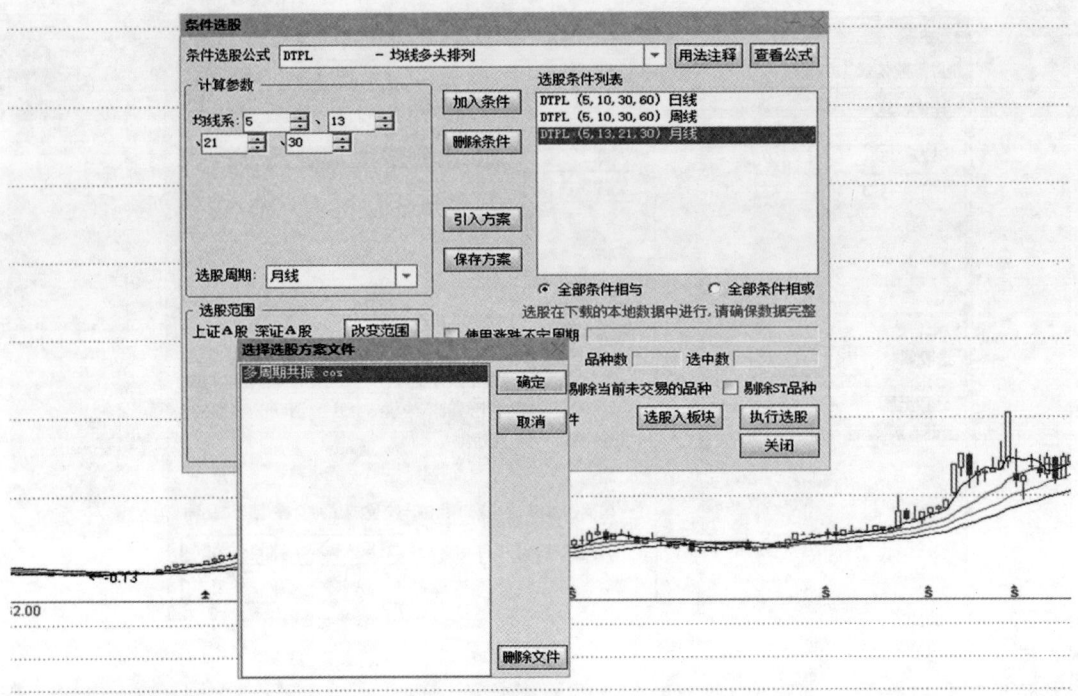

图6–16 操作步骤（六）

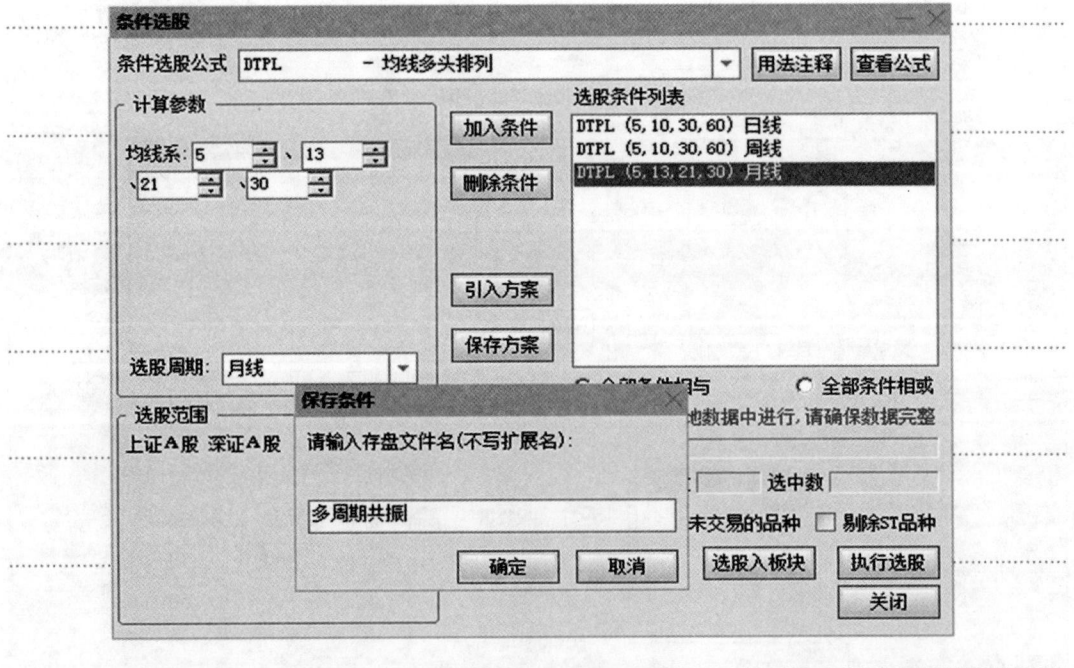

图6–17 操作步骤（七）

第六章
主升浪起爆点

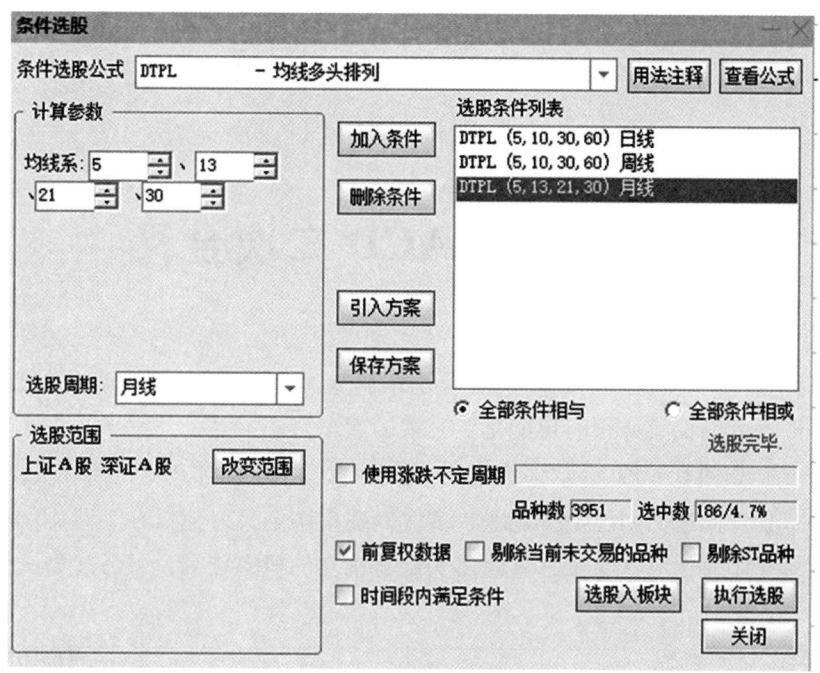

图 6-18　操作步骤（八）

有了均线多周期共振，就能很好地提高主升浪个股操作的成功概率，但想抓主升浪的起爆点可没有那么简单。从经历来看，很多个股主升浪在个股建仓完毕之后第一次看似启动的涨停或大涨往往是陷阱，有没有一种方法能在一定程度上排除这种陷阱走势呢？

请看第四节。

第四节　MACD 二次金叉

当 K 线出现向上突破迹象，且周线上 MACD 出现二次金叉技术特征时，此时的突破很有可能是主升浪的起爆点。

如图 6-19 所示，为北斗星通周线。该股自 2015 年以来，周线上 MACD 来来回回地上下跳跃，多次出现单次金叉，但仅在 7 月 10 日那周出现了零轴上二次金叉，这时多头趋势确立的概率较大，可考虑尝试做多。

图 6-19　北斗星通（002151）周线

如图 6-20 所示，为南大光电（300346）周线。和上述例子类似，该股周线上 MACD 二次金叉，多头确实确立。

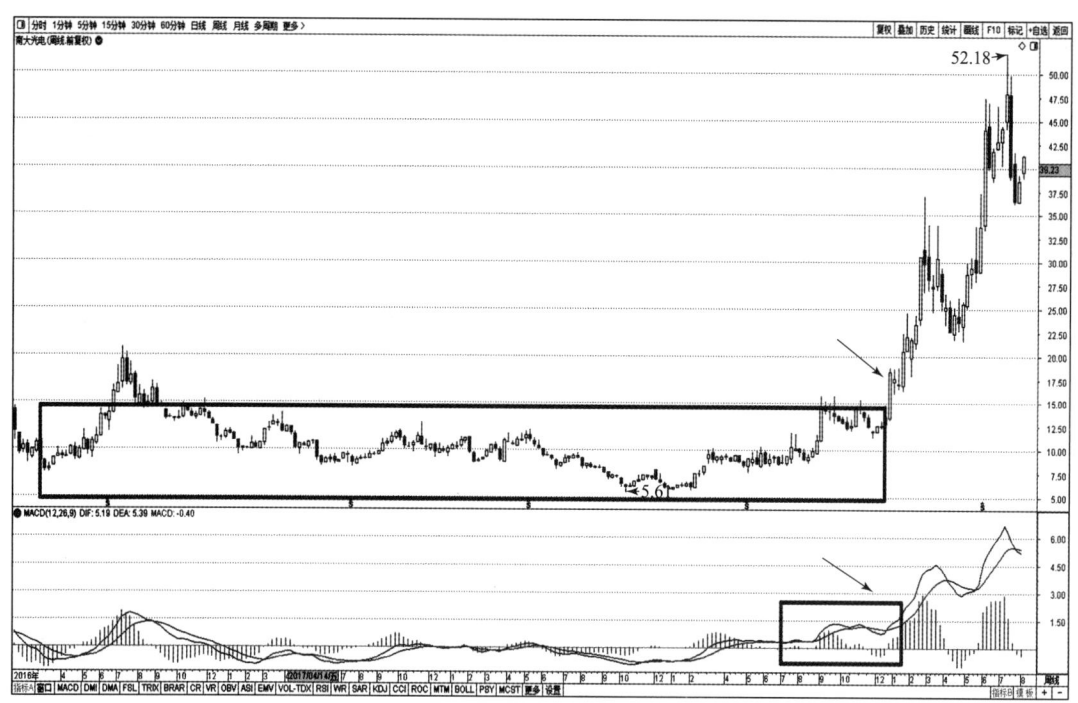

图 6-20 南大光电（300346）周线

深究一下，MACD 零轴上二次金叉，其实就是一个多头趋势得以确认和强化的标志，所以能在一定程度上排除一些向上的虚假突破。但如果较真的话，那是否零轴上单次金叉一定不是主升浪起爆点？这可不一定，也有一些个股周线上单次金叉就能启动主升浪。

既然有单次金叉就能起爆主升浪，那为什么还要强调周线 MACD 二次金叉？单次金叉就能启动主升浪的比例并不算小，但单次金叉向上虚假突破的概率也很大，而且重要的是效率问题。

如 6-22 图中的凯莱英（002821），其中 1 和 2 属于 MACD 单次金叉的虚假突破。注意，这时如果参与了，看着似乎被套得不多，但其实不然，因为这是周线，第 1 次回调的幅度其实约有 30%，第 2 次回调幅度还算温和，但这两次回调的时间都有数周，这意味着有几个月的时间都可能被浪费其中，时间是最宝贵的资源。所以一定要有这个观念，要谨慎对待每次操作，不要大意，不要随意下单，在没做好充分的准备、没有十足的信心和把握之前，不要轻易操作，这是态度问题。

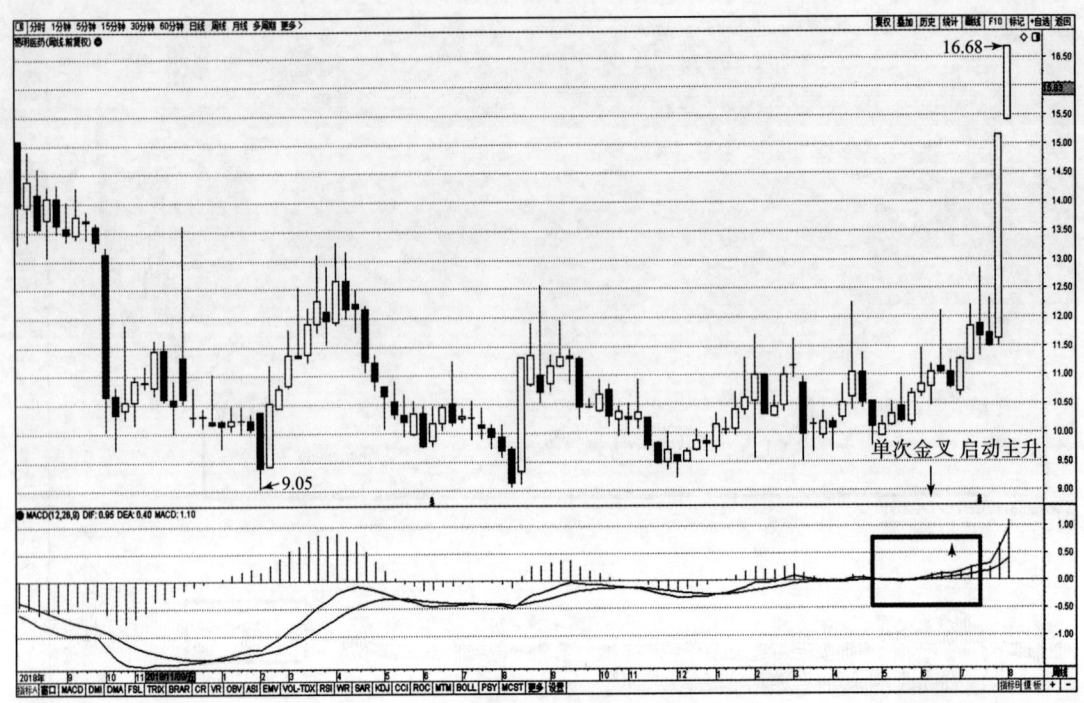

图 6-21 易明药业（002826）周线

图 6-22 凯莱英（002821）周线

第五节 涨停多方炮形态

如果在建仓区间中较为窄幅的空间内出现多次涨停，这样的形态称为涨停多方炮（《赢家之道——涨停板战法与分时战法》中有关于涨停双响炮等方面的技术讲解），如图 6-23 所示。

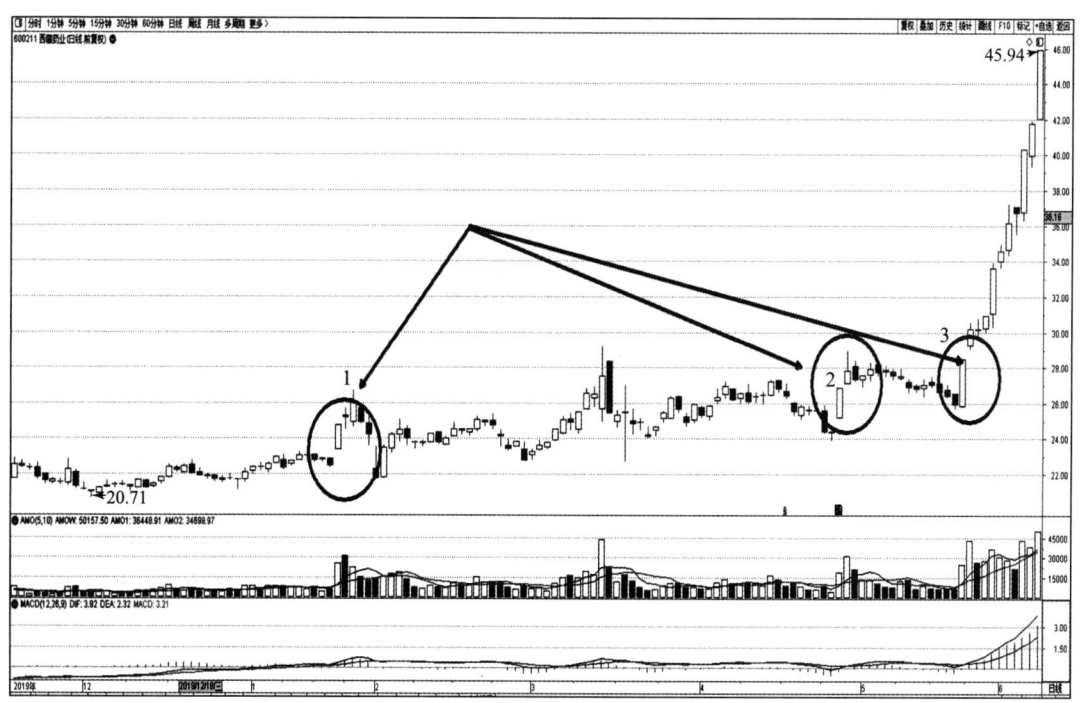

图 6-23 涨停多方炮

如果在主升浪建仓区间内出现了涨停多方炮，一般来说第 3 次涨停（即第三炮）就很有可能是主升浪的起爆点。这可信度非常高，从以往的经历来看，的确如此。

晶方科技（603005）在狭窄的空间内 3 次涨停，第 3 次涨停启动主升浪，如图 6-24 所示。

东安动力（600178）也是在狭窄的空间内 3 次涨停，第 3 次涨停启动主升浪，如图 6-25 所示。

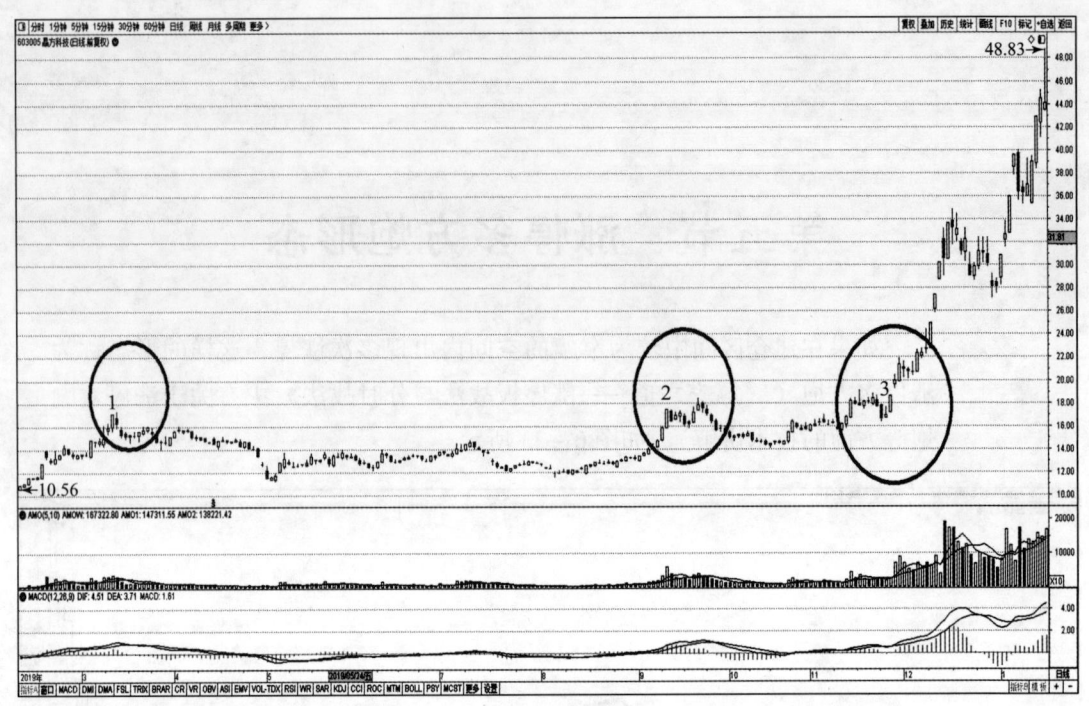

图6-24 晶方科技（603005）日线

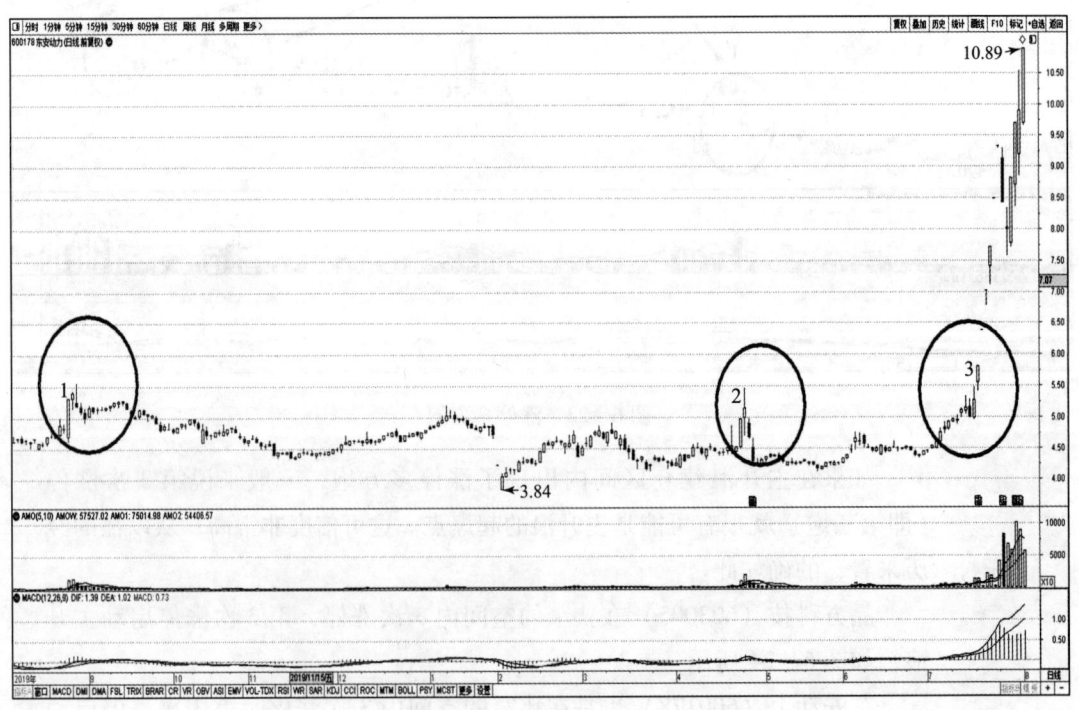

图6-25 东安动力（600178）日线

三鑫医疗，如图6-26所示，也是如此。

图6-26 三鑫医疗（300453）

建仓区间内的涨停如同"打桩"一般，一般来说3根"柱子"就使"地基"非常稳固了，"地基"稳固了，那"高楼大厦"自然就起来了，这是技术，也是常识。

建议好好读一读这节，这技术很实用。

第六节　分时攻击性结构

一般来说，对于较为强势的主升浪，其启动的第一根K线一般为涨停K线，而且绝大多数属于早盘涨停，其分时走势往往具有极强的攻击性，即绝大多数带有极强的攻击性量能结构。

（1）这种攻击性结构有的表现为巨量高开一字板，如图6-27所示。

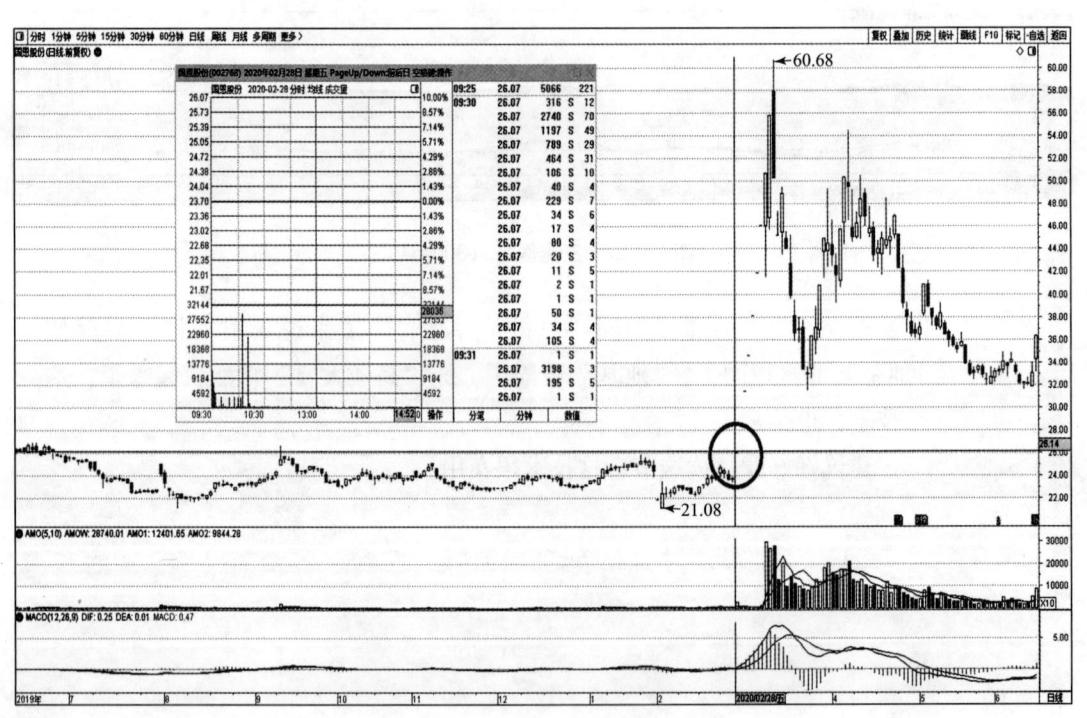

图6-27　国恩股份（002768）日线与一字板

（2）有的分时攻击性结构表现为巨量高开秒板涨停，如图6-28所示。

（3）有的分时攻击性结构表现为分时成交较为厚实的多方量能堆结构，如图6-29所示。

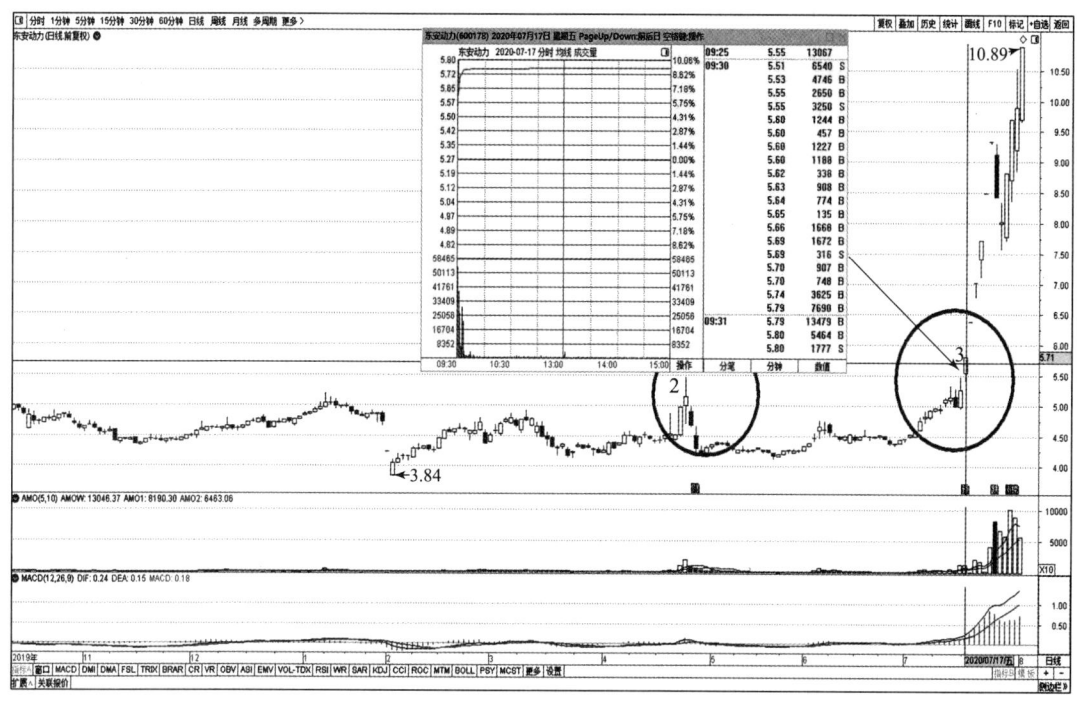

图6-28 东安动力（600178）日线与一字板

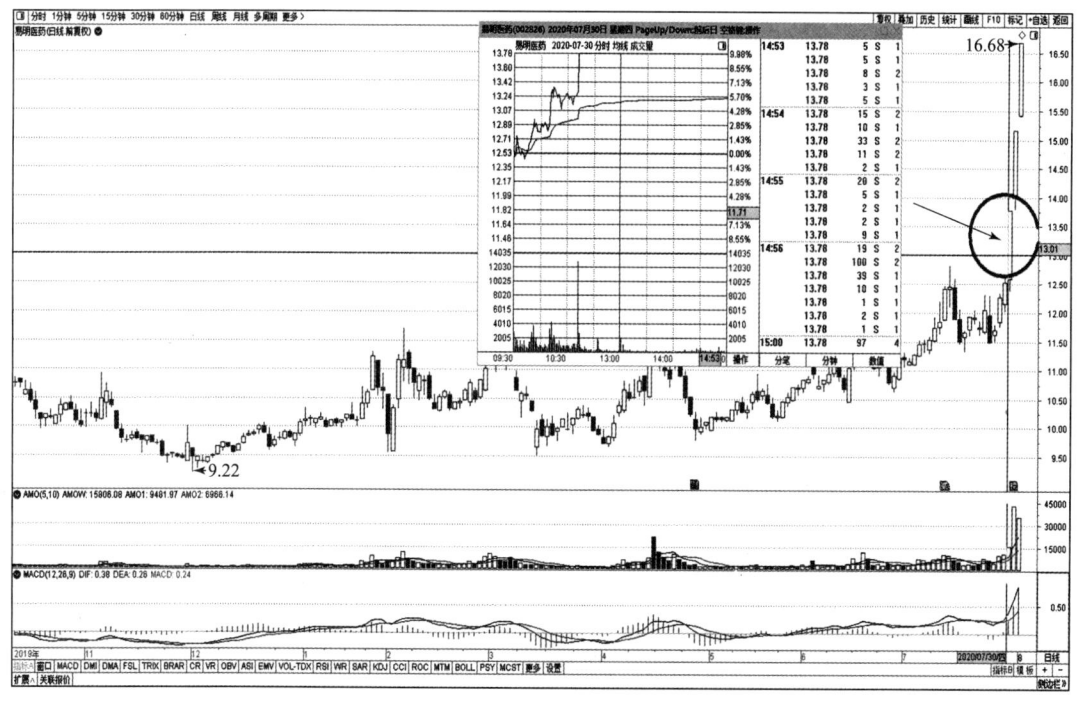

图6-29 易明医药（002826）日线与分时涨停板

一般来说,强势主升浪刚启动时不怎么想给别人上车的机会,所以体现在盘面上就是快速而猛烈的涨停,压根不会给中小投资者思考的时间,他要把潜在的市场需求(也就是市场购买力)留在最后、留在股价冲顶时,这也是为什么有的主升浪个股启动时买不到,能买到时却容易被套牢的原因。

所以,一般来说,看到以上三种具有分时攻击性结构的涨停就有可能属于主升浪的起爆点。而磨磨唧唧的涨停、分时走势拖泥带水的涨停、尾盘偷偷摸摸的涨停,多为挖坑走势,属于陷阱,并非起爆点。

第七节 板块整体启动

如果符合主升浪的个股在其建仓末期出现涨停、似有启动迹象时,且此时该股所属的板块出现大涨,就很有可能是该股主升浪的起爆点。

一般来说,如果板块整体暴涨,基本就是大资金暗中商量很久之后才有的动作,属于组团采购,购买力是很强的。一般来说,批量采购是很难一两天结束的,这种情况也属于常识判断,比K线分析等更可靠。

例如浙商证券(601878),如图6-30所示。其周线看着像较为标准的主升浪建仓结构,振幅已接近窄幅的极致,这时要留意,该股的起爆点到来了。

图6-30 浙商证券(601878)周线

2020年7月2日该股涨停，同时券商板块整体暴涨，该板块多档个股涨停，当天有些券商板块个股出现了几十亿元甚至上百亿元的成交。这就是来真的了，大资金向上做盘意志极为坚决，所以当天浙商证券的涨停就很有可能是主升浪起爆点。

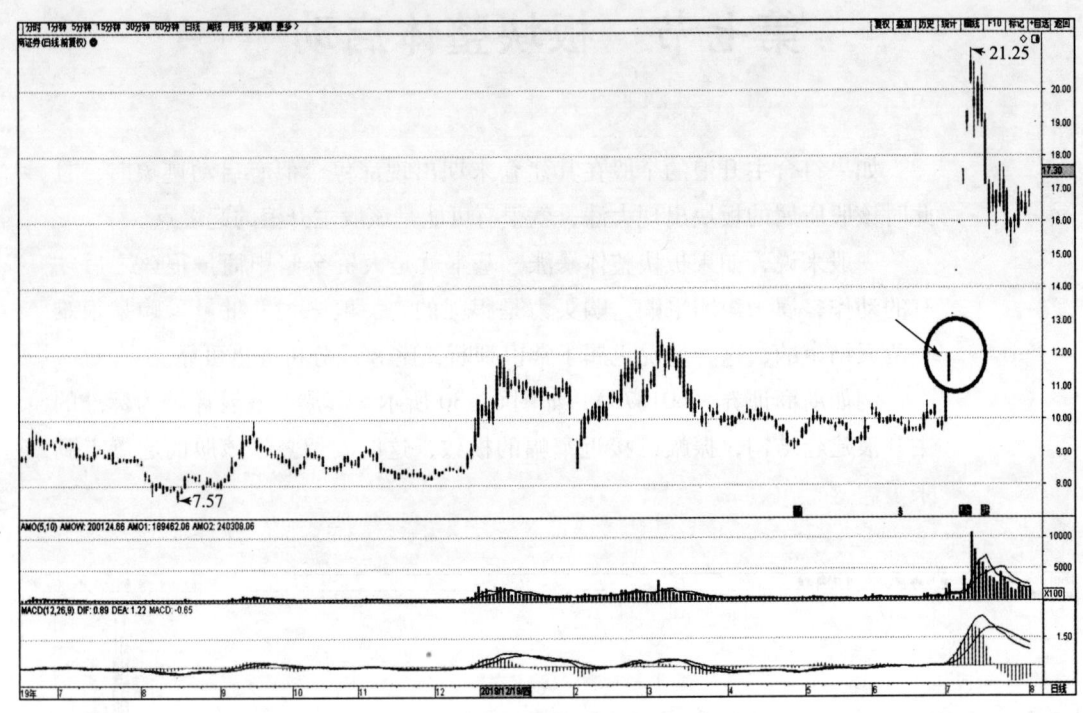

图6-31　浙商证券（601878）日线

这里不再展开了，后续打算写一本大资金操盘方面的书，到时再深究。这里要叮嘱大家，在看盘时要注意看盘的层次，一定要先看大盘，再看板块，最后才落到个股上面，选股时也是如此。虽然是老生常谈，但其实真正能做到的投资者可能很少，很多中小投资者看盘也只是把注意力放在所持个股的涨跌上面，选股时很多时候也就是看到哪个好就选哪个，这可能就是投资者的现状吧。

第七章
主升浪买点

主升浪的买点主要有三种,即最优买点、最稳买点、结构化买点,能在实盘中把握这三种买点,是主升浪战法成功运用的关键所在。

第一节　最优买点

起爆点自然是主升浪的最优买点，买入之后直接进入主升浪，如果每次都能抓住主升浪，这小日子就过得舒服极了。

第六章通篇都在讲解抓起爆点的技术，但在具体买入操作过程中，还要注意技巧问题，因为中国的一些机构和主力一门心思琢磨着怎么去"坑"小散户。所以，想第一时间买在起爆点绝对不是那么容易的。

这里给大家讲两个技巧，在实际操作中可能用得着。

（1）在主升浪建仓区间内，当股价的调整逐渐缩窄至极致时，还是要先看周线。如图7-1所示，当股价整理至第4个矩形时，调整的空间就已

图7-1　道恩股份（002838）周线

经很小了，这时候要考虑试探性买入一些仓位了，但仓位不要太重，可以考虑在 15% 附近。为什么这时要考虑买入，这不算起爆点啊。别急，听我慢慢道来。

一般主力在大规模建仓完毕之后，想的都是快速拉升，然后在高位派发筹码，因此在股价刚启动时，是不想让小散户与之争食的，所以启动时有不少是一字板涨停启动，这样就把想买的散户挡在了门外。然后，等股价到了"山顶"时，再把这些狂热的购买欲望、潜在的购买力释放出来。主力轻松派发筹码，散户却在"山顶"拿到筹码。

接着上面讲，道恩股份（002838）就是在股价整理缩窄至极致之后，通过一字涨停直接启动，连续 6 个一字涨停之后才开板的。如果不提前整点底仓，面对这种情况，该如何是好？这样喜欢吃独食的主力也不在少数，所以当股价整理缩窄至极致时，适量介入也算是一个最优买点。

图 7-2 道恩股份（002838）日线

（2）在分时走势出现攻击性盘口（比如一字板、多方量堆结构）时，要考虑打板买入。

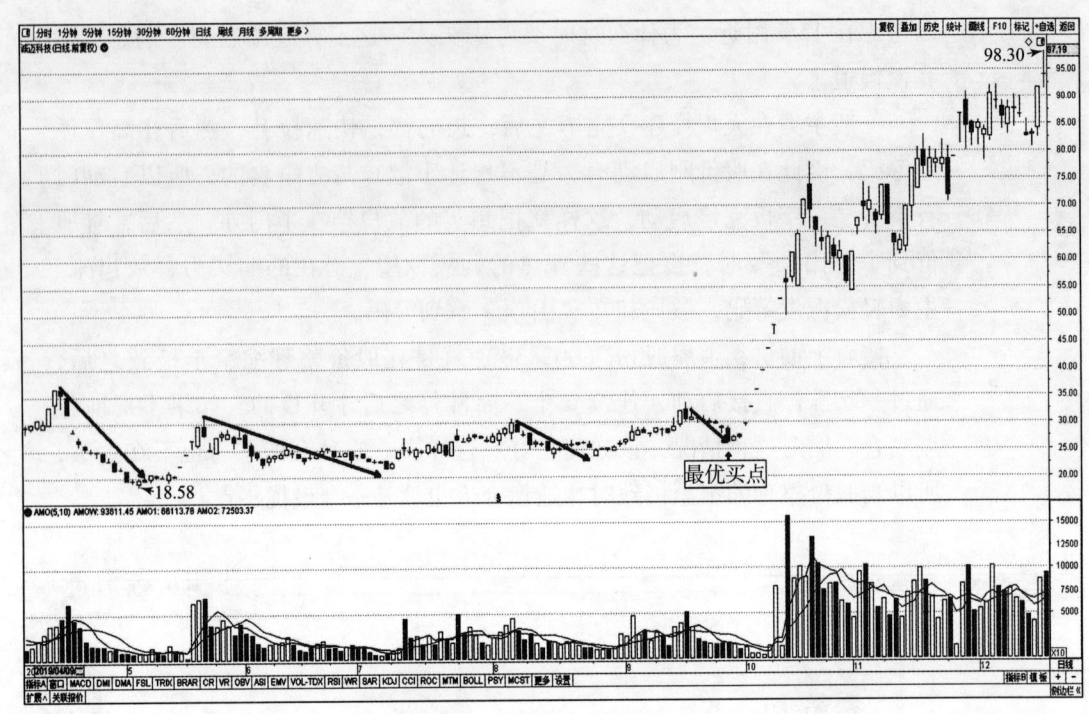

图 7-3 诚迈科技（300598）日线

个股主升浪启动时一般多是涨停启动，打板买入看起来有追高风险，从短线角度看，确实存在这种问题，所以要考虑仓位控制问题：可考虑买入适量仓位（比如20%的仓位）。但如果从趋势结构角度看，这种追高又不算追高，对股价走势来说只是刚起步而已，但这里最难的是什么？是心理障碍。实战操作跟事后描述完全是两码事，操作中有时可能会不由自主地带有些恐惧心理，恐惧往往会伴生担心、疑惑，有疑惑就会造成操盘时的举棋不定，这是大忌。克服这种恐惧、克服这种心理障碍需要时间。一般来说，中小投资者的心智成熟可能需要5年以上的时间，这不是玩笑，心理因素是交易中最核心的要素，心态不稳定、不成熟，那任何技术都没用。

比如图7-4的易明药业（002826）。7月30日，易明药业出现了三波上涨，从分时成交来看，具有较为厚实的多方量堆结构，这是大资金强势拉升的结果。由于涨停时间较早，主升浪启动的概率较大，此时在股价要涨停时应考虑适量打板买入。但实际操作中可能又有恐惧。为什么这么说？

图 7-4　易明医药（002826），2020 年 7 月 30 日

如图 7-5 所示，7 月 30 日股价涨停时，从该股波段低点（小箭头）算起，约有 30% 的涨幅，此时追高担不担心？害不害怕？多多少少可能会有些这样的感觉。这时候该怎么办？你会发现，股价处于明显的低位，这时恐惧心理可能就烟消云散了，如图 7-6 所示。

（1）快速按下键盘的向下键，这样可以拉宽当下的走势图。

（2）切换时间周期，参见图 7-7。

切换到周线之后，再看看图中横线标注的 13.78 元的位置，这位置还算高吗？

关于最优买点，这里就说这么多。最优买点从操作上来说似乎属于较为激进的买点，那有没有较为稳妥的买点？

请看第二节。

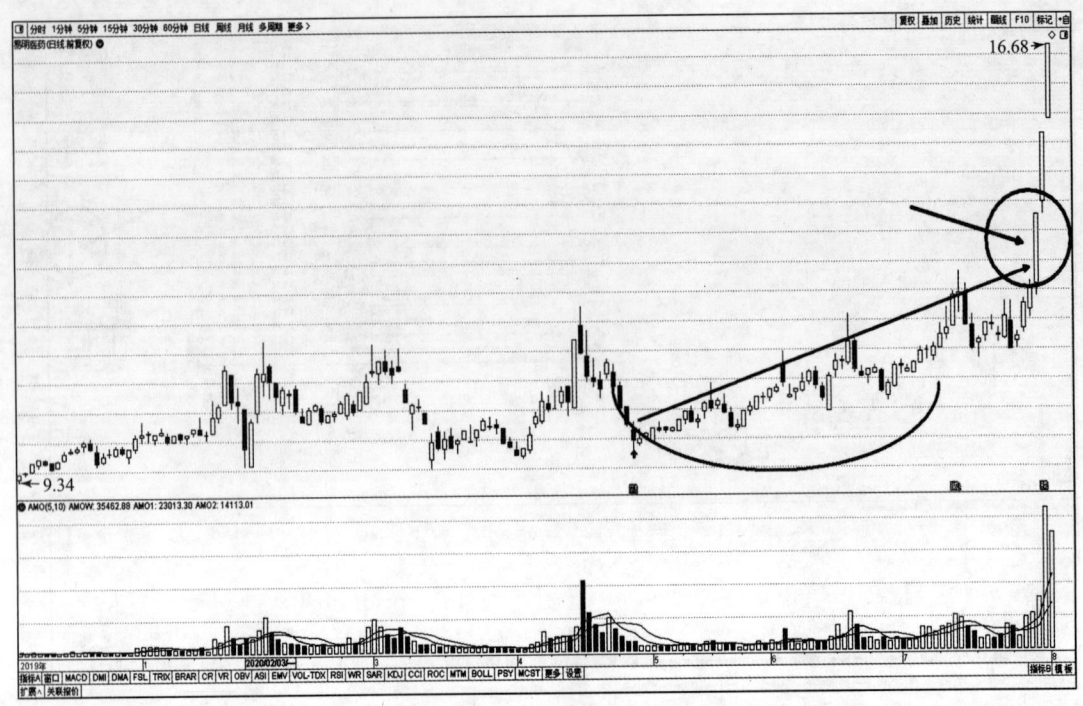

图7-5 易明医药（002826）日线（一）

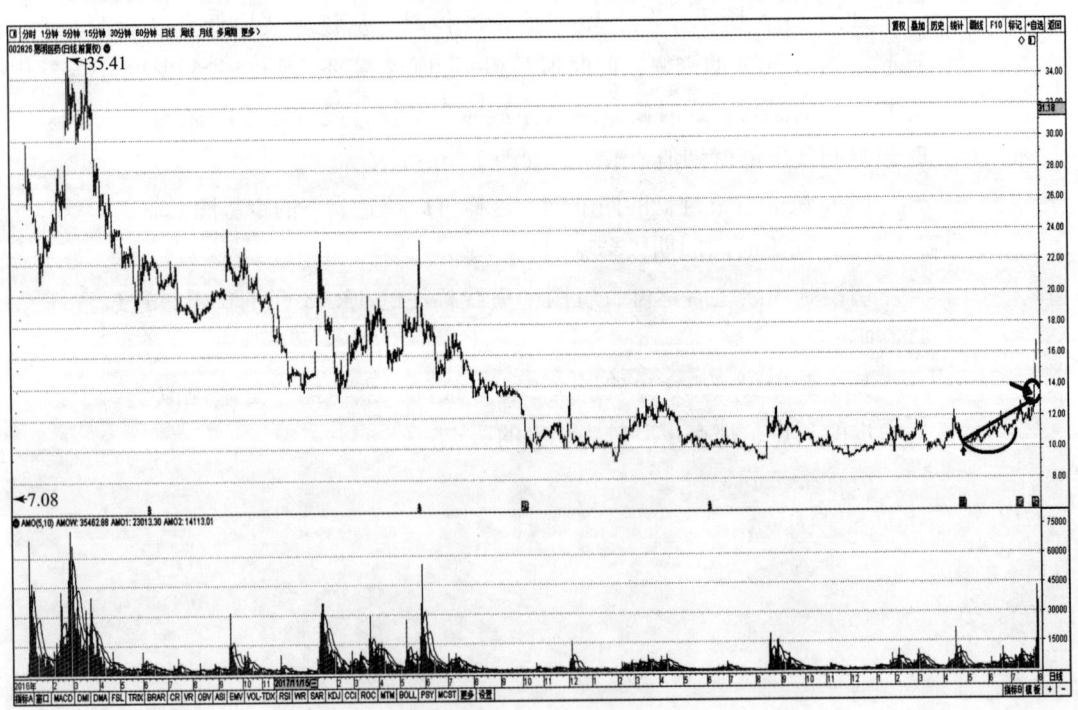

图7-6 易明医药（002826）日线（二）

图 7-7 易明医药（002826）周线

第二节 最稳买点

股价起爆点之后进入主升阶段，主升阶段一般会存在回调，而回调结束点一般是最稳妥的买点，随后股价大概率会继续大幅拉升。其抽象示意图形如图7-8所示。

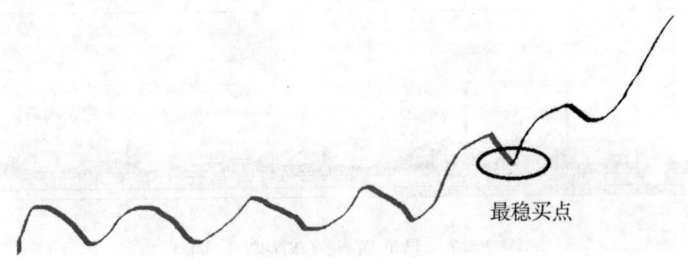

图7-8 最稳买点

深究一下，什么点才算股价回调的结束点？如图7-9所示，为什么A点是回调的结束点？有的朋友或许会说图形中显示的就是呀。那你这是别的技术分析书看多了，习惯于事后分析。事后分析谁都会，可实战中是那么回事吗？注意观察图7-9，图中有A、B两根看K线，A点所属的K线之所以成为回调结束的最低点，那是因为B点的存在。所以在实际操作中，最稳的买点不在A点所在的那根K线，而是B点所在的那根K线，因为A、B两点形成了短线转折关系。这种转折关系的确立才是回调大概率结束的标志，才是股市中能盈利的人应该有的实战思维。

如图7-10所示，可看出达安基因的最稳买点，无需多言。

最稳买点对操作来说最为稳妥，但也存在问题。有些个股主升浪第一波涨幅过大，其回调买点可能就意义不大了，因为后面的涨幅可能比较小；另外就是，还有个股的主升浪比较奇怪，即主升浪只有一波，而不存在回调，也不存在回调买点，这就没辙了。所以还是那句话，对于仅一波拉升的主升浪，喜欢吃独食的主力都不是好主力，散户对此表示强烈反对。

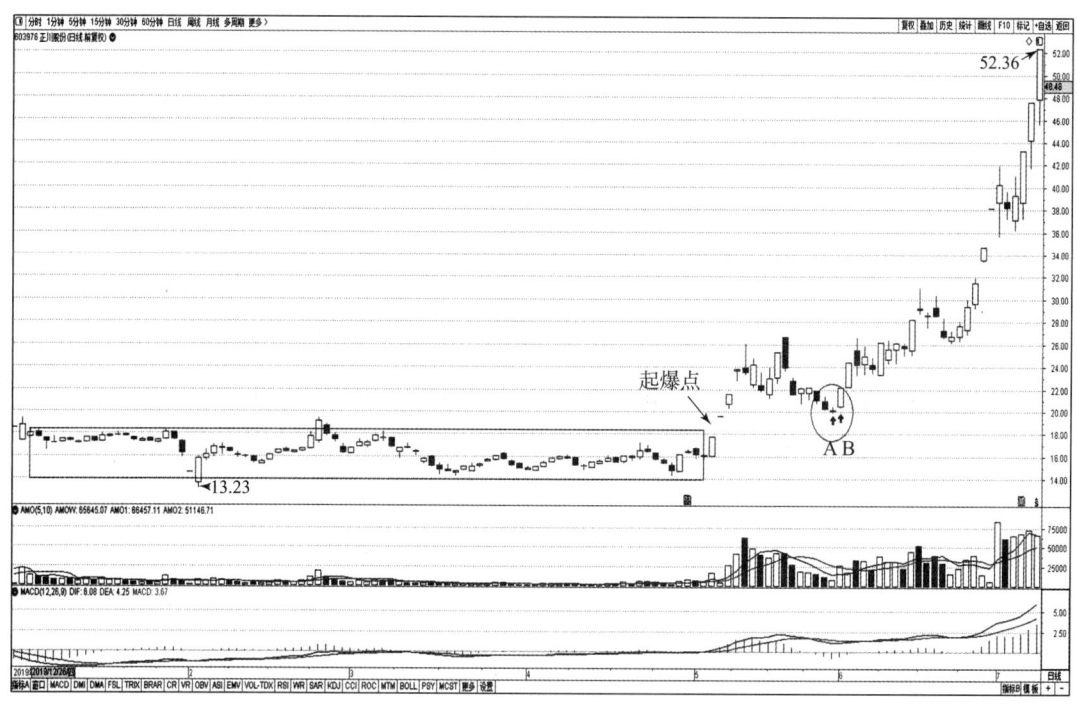

图 7-9　正川股份（603976）日线

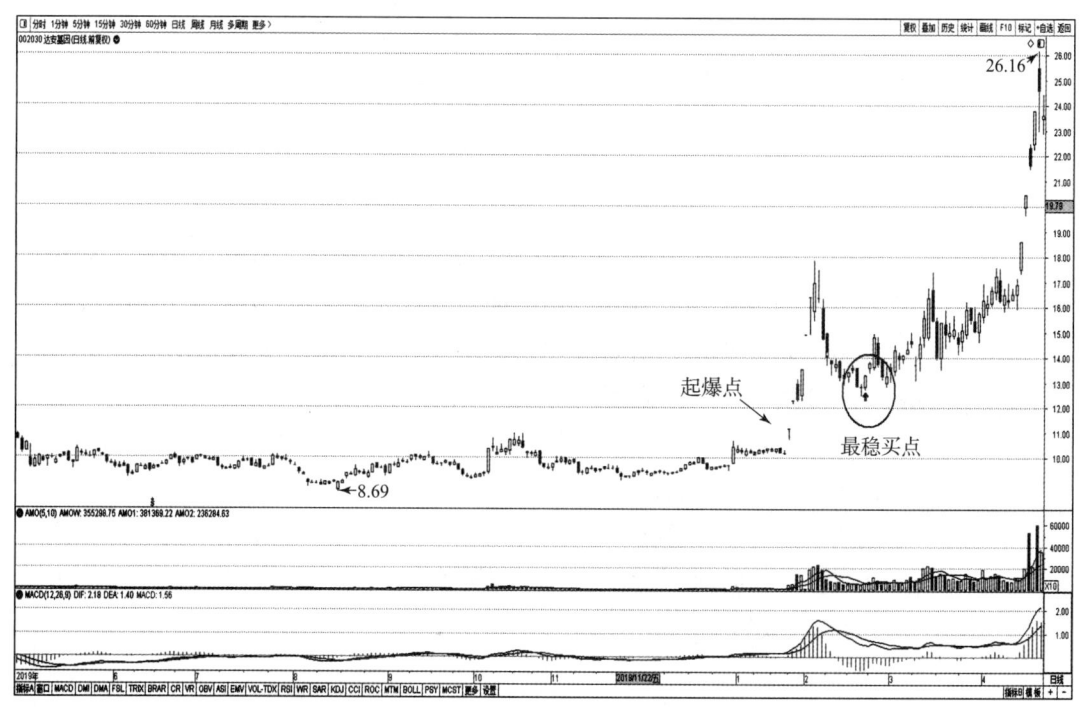

图 7-10　达安基因日线（最稳买点）

第三节　结构买点

越过主升浪前一波拉升的高点，构成主升浪的结构化买点如图7-11所示。结构化买点意味着大资金已经解放前期全部套牢盘，后继续拉升股价就是大概率事件。之所以称之为结构化买点，是因为该买点的存在让上涨趋势和架构得以延续。

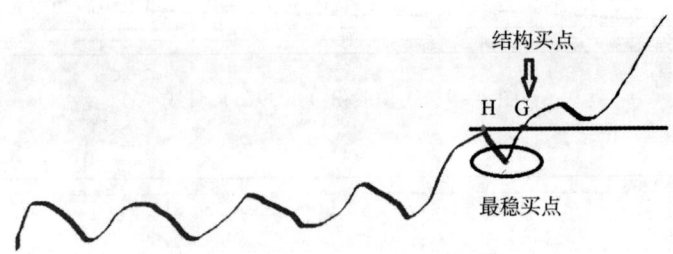

图7-11　结构买点

结构买点的出现意味着大资金新一波做多的延续。这从趋势角度来看意义较大，因为这意味着多方趋势还在，这是趋势做多的底气，所以从股价走势的趋势架构来讲意义非凡，是一种大格局、大视角的交易策略如图7-12所示的华大基因。

有些个股可能存在多个结构买点，例如图7-13所示的容大感光。图中标注了一个结构买点，但还有，你能找到几个？

结构买点也存在明显不足，那就是买点的位置有些偏高，这和低价买点、最优买点和回调买点相比，似乎感觉吃了不少亏，但没办法。只能用"吃亏是福"安慰一下自己。

第七章 主升浪买点

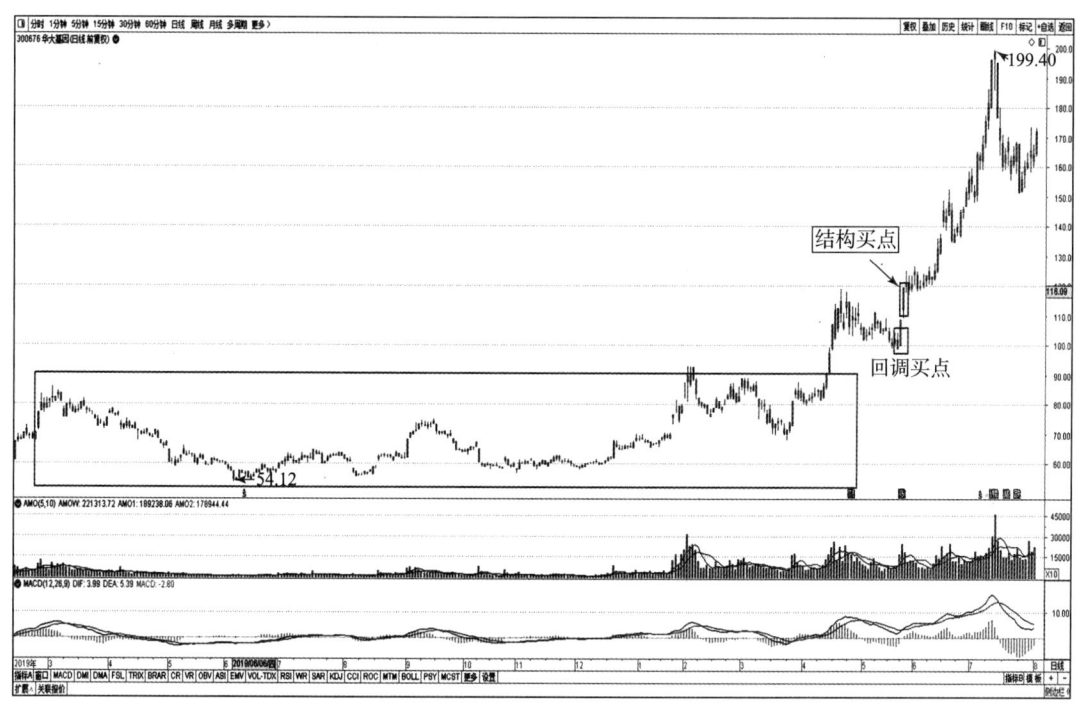

图 7-12 华大基因（300676）日线（结构买点）

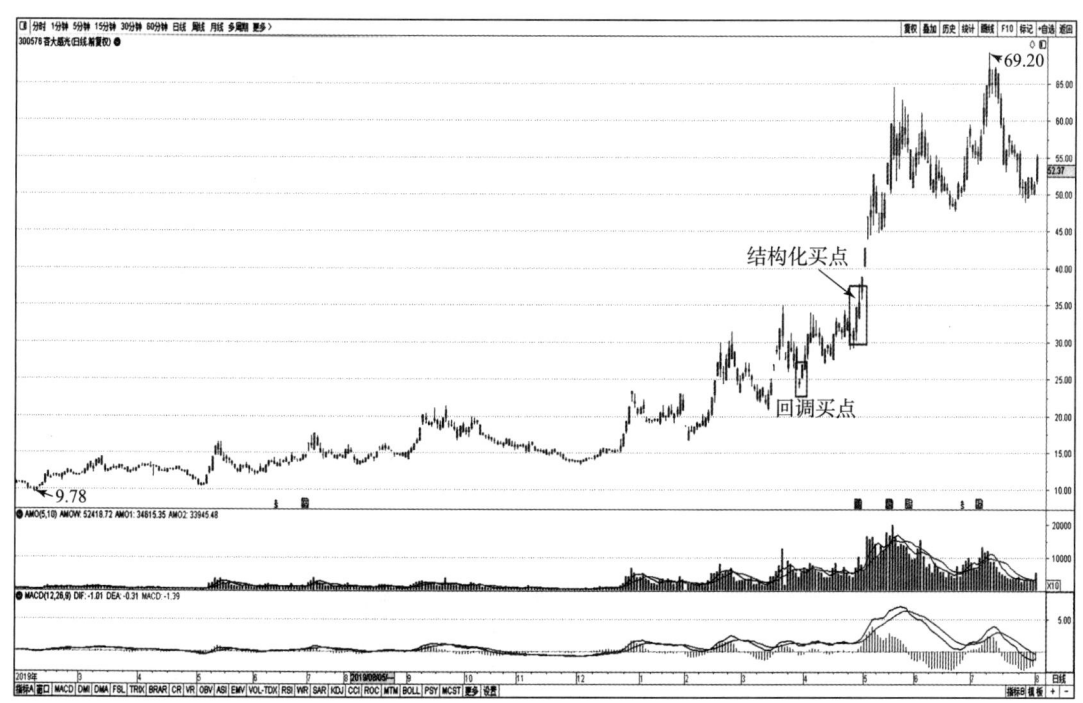

图 7-13 容大感光（300576）日线（结构买点）

第八章
主升浪架构

主升段是决定主升浪上涨高度的决定性因素,能否在实盘中把握主升段是用主升浪战法获利幅度的决定性因素。那主升段运行的规律是什么呢?请看本章分析。

第一节 主升段的量能结构

主升浪最"美妙"的自然是主升段,那可是"美味大餐"。如果一年能吃上几顿,那可真是太好了。但主升段可不是那么好把握的,稍有不慎,煮熟的鸭子也有可能飞掉,所以还是要慎重、要低调,在没止盈之前,那主升浪中的"黄金屋""颜如玉"还都不是你的,所以研究主升段的走势特点那可是大事,不可不察。

一般的把图8-1中的两个矩形走势称为主升段,本章所指的主升段皆为此意。

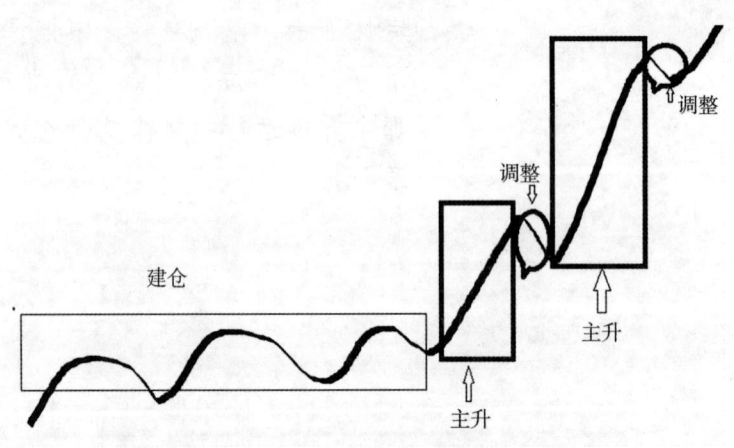

图8-1 主升段示意

一般地,以下三种主升量能结构都是正常的,也意味着股价后市继续创新高将是大概率。

(1)量能平稳型。

在一些主力控盘程度极高的个股中,其股价进入主升阶段后,拉升量能接近一致,很平稳。这种情况一般后市继续创新高将是大概率,这也意味着一些踏空了的投资者可考虑在量能平稳的走势中,且盘中出现调整时适量介入。另外深究一下,在量能平稳的主升段走势中一旦出现急剧的放量上冲走势,就要特别心小了,即便不是股价见顶,那也很可能是阶段调整走势了。

如图8-2所示,中潜股份(300526)1号K线进入主升段。仔细看,1号至4号K线对应的量能非常平稳,接近相等,这种情况下,如果在1号K线踏空了,就可考虑在2号K线、3号K线、4号K线试探性介入。一般问题不大,后市接连创新高是大概率。那什么时候需要高度注意量能平稳型结构呢?当股价到达图8-2中的5号K线时,其对应的量能放大了约3倍,这是高度注意的信号。一般5号K线的量能意味着股价可能已经见顶,或者股价将进入调整之中,是非常危险的信号。

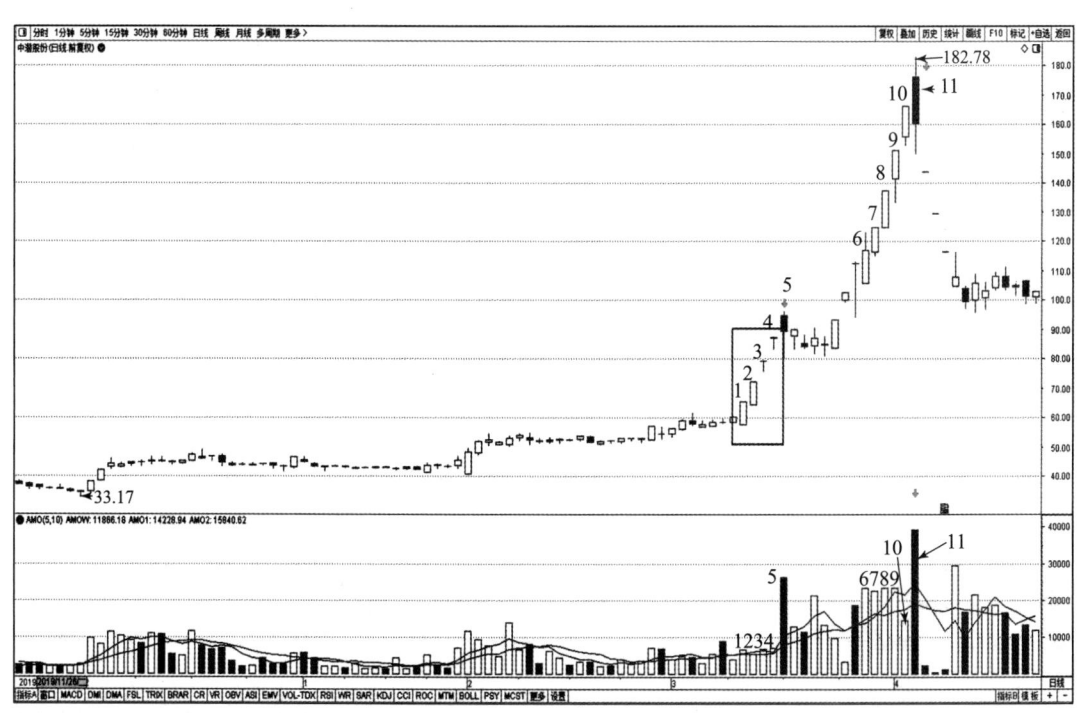

图8-2 中潜股份(300526)日线

后续当股价突破5号K线的高点时,6号K线、7号K线、8号K线、9号K线对应的量能又接近一致,这又是非常平稳的拉升;直至11号K线,量能又放大至2倍左右,这又是非常危险的信号,其危险程度远高于5号K线,为什么?因为6号、7号、8号、9号K线对应的量能堆远大于1号、2号、3号、4号K线对应的量能堆,这意味着在6号、7号、8号、9号K线拉升时多方消耗得更多,如果此时出现泄气,主力就有可能不拉升了，因为再拉升一波就很有可能要付出比6号、7号、8号、9号K线更大的量能，说白了就是主力需要花更多的资金来拉升，这种情况下，主力继续拉升的动力就很小了。

提醒一下，平时做股票研究时一定要用心，这是信心积累的过程，研究透了就会信心十足，信心足了就不会有疑惑，疑惑不生则对股价走势反应刚猛，判断力和执行力就会强很多。所以建议朋友养成习惯，把复盘等同于实际操作，扎扎实实地做好复盘研究，时间一久，你就会发现你可以轻松应对很多走势了。

此外，如何理解图8-2中的10号K线突然缩量是什么情况。

先看主升段量能结构的第二种情况，然后回过来解决这个问题。

（2）极端缩量型。

如图8-3所示，该股1号K线一字板启动主升浪，然后又拉了8个一字板。此时谁还有机会上船啊！这明显是大资金吃独食。

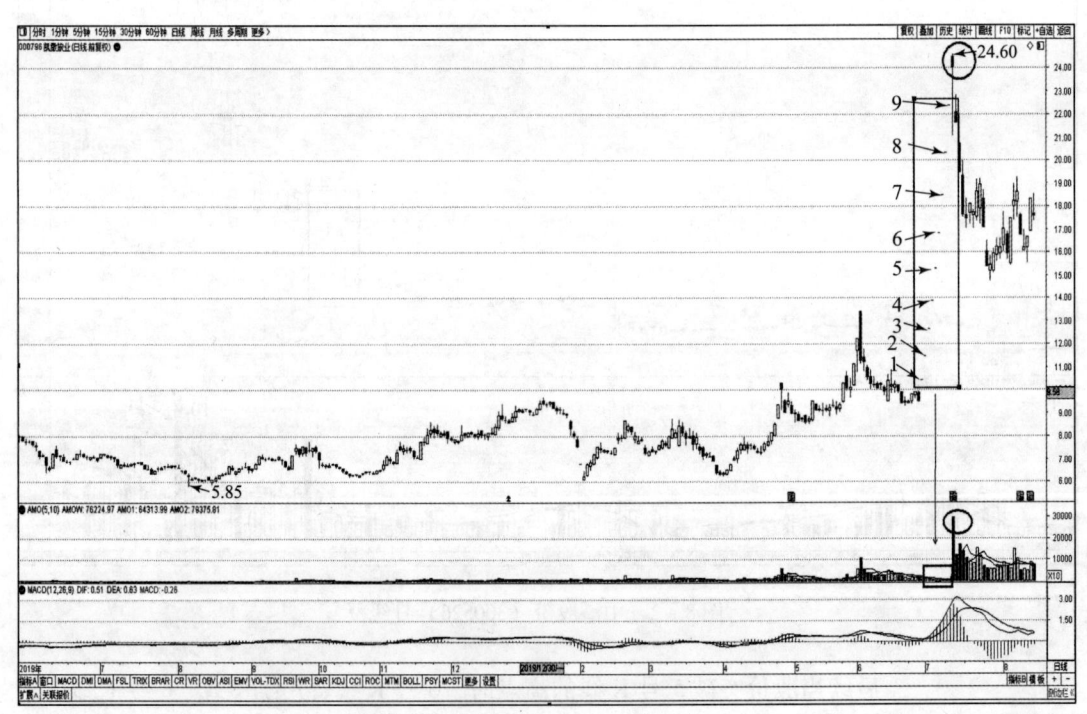

图8-3 凯撒旅游（000796）日线

从图8-3来看，1号至9号K线都是极端缩量类型的一字板，场外的投资者想买根本就买不到。等股价不再是一字板且又放量的第一天，却又是个非常危险的信号，为什么？

股价一字板把那些狂热的购买欲望和购买力挡在了门外，想买买不到，等股价到顶时再把这些购买力释放出来，当能买到时却被主力轻松派发筹码，散户只能在"山顶"拿到筹码。

图8-4和图8-3类似，请读者自己分析一下。

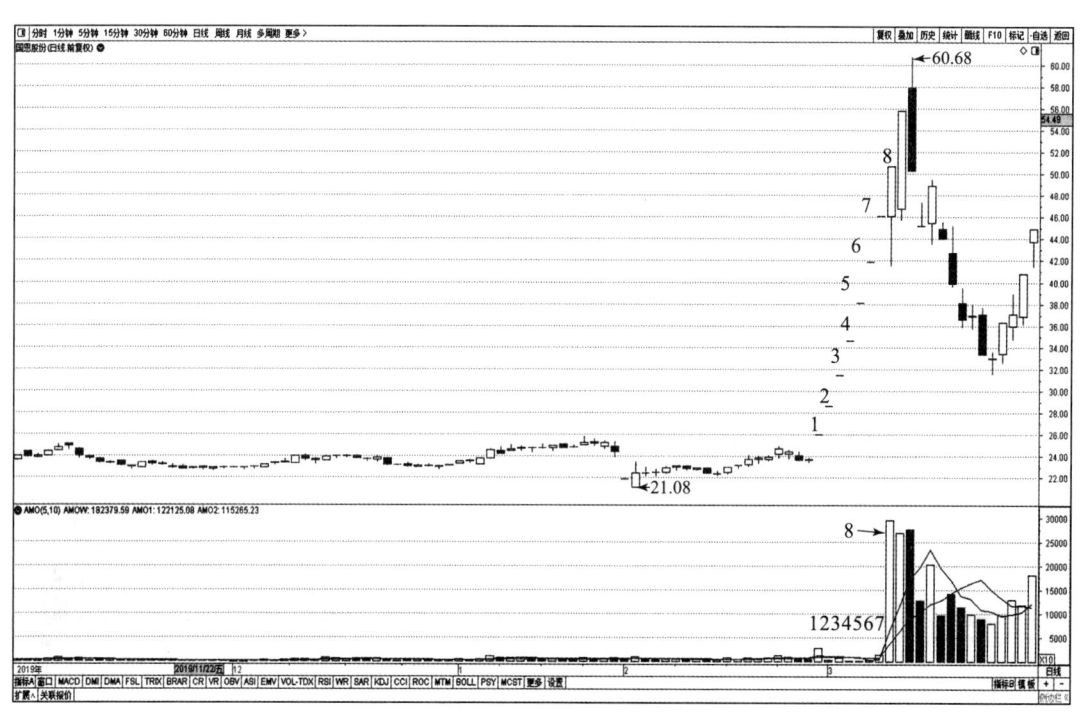

图8-4　国恩股份（002768）日线

现在回答图8-2中的10号K线突然缩量的情况。拉升中，6号、7号、8号、9号K线量能平稳，但10号K线突然缩量，造成了大量想买的投资者在股价涨停时买不到，这就是要通过量能的缩量停顿，把短线踏空的热情骤然吊起，把潜在的购买力堵在门外。所以股价在主升阶段拉升到一定高度后出现缩量一定要特别谨慎，这一般是股价即将冲顶的信号，故到了11号K线，一些投资者猛冲进场扫货时，就又中了主力的圈套，成了高位接盘者。从走势上看，这似乎是个明显的庄股，如果在11号K线处被套，问题可能就极其严重了，存在被套个三五年都无法解套的可能。

（3）量能递增型。

在主升段中，有些个股K线量能平稳递增，其实这是最符合人性的主升走势。热情高涨，期望被不断放大，购买欲逐渐增强，直至激增至顶点、至市场买方资金被耗尽时股价方才见顶。如图8-5所示，晶方科技（603005）为主升段量能递增类型，图中的A和B都有标注，请读者自己参看。

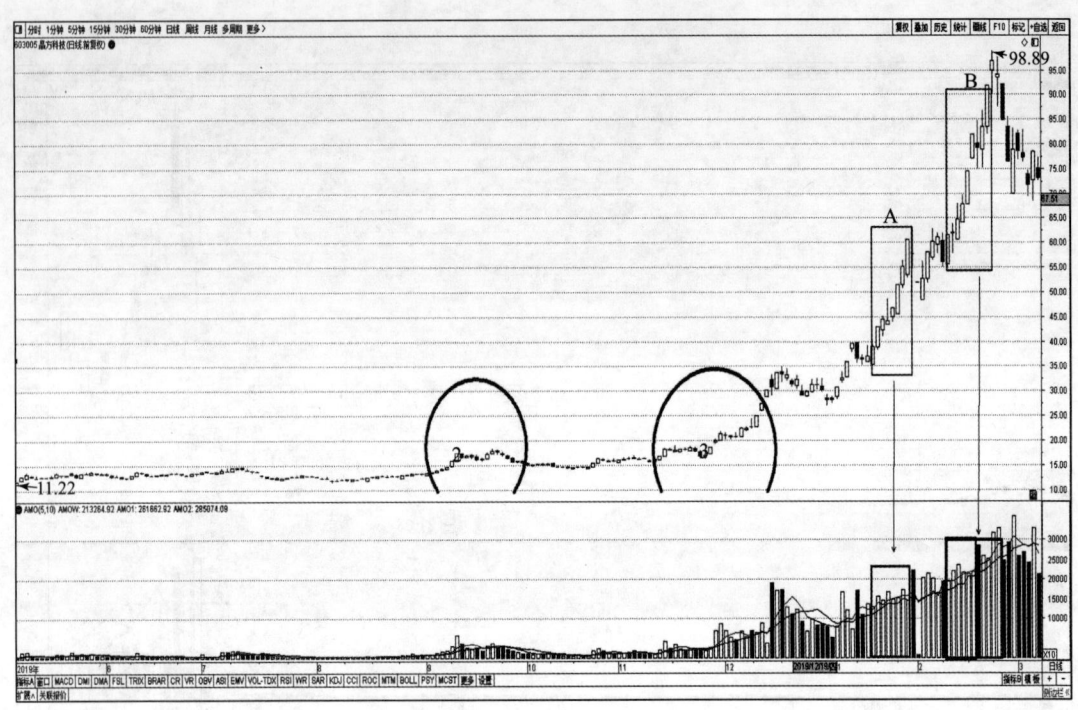

图8-5 晶方科技（603005）日线

那么问题来了：第3种主升段量能递增类型的走势何时是尽头？如何判断股价见顶或者将进入调整阶段？请看下一节。

第二节 主升段 K 线结构

面对主升段走势,投资者的心理波动是非常剧烈的,通常是高度亢奋或高度紧张状态,如果仓位过重或介入位置过高,也会呈现出极端恐慌的状态。这全然没有复盘时的冷静和轻松,主升段时的这种心理状态非常容易做出错误的交易决策,这也是为什么有的交易者在模拟盘操作得非常好,但一到实盘中就差得一塌糊涂的一个原因。心理状态不一样,结果自然也就不同。

这一节也非常重要,建议静下心来看一看,艺高人胆大,没有技术含量的操盘,心理素质再好也不成,自信是点滴积累起来的。

主升段 K 线结构有两个重要的特点,只要这两个特点存在一个,那持股的理由就继续存在,这也是在面对股价分时走势大幅波动时而内心却能稳如泰山的依据所在。

(1) K 线高点不断抬高。

如图 8-6 所示,君正集团(601216)1 号 K 线涨停板启动主升浪,然后一直到 11 号 K 线,每个交易日都有新高,有新高就可继续持有。

深究一下,一般股价创新高这事还是主力整出来的,中小交易者对此是有心无力,况且有些压根也没此心。散户多数只关注自个儿的一亩三分地,没心思去创出新高解套他人。所以,有新高一般意味着大资金还在,大资金还在就好,就安心了。另外,不断创新高是最容易凝聚人气的走势,面对每天都有获利的走势,谁不心动,持有者兴奋,观望者眼红,这绝对吸引人,以致追涨者络绎不绝。

(2) 大阳线低点不破。

这里的大阳线指收盘涨幅在 7% 以上的阳线。大阳线低点不破则意味着多方阵地还在,多方趋势架构完美,攻击态势延续。

如图 8-7 所示,英科医疗(300677)在主升段出现了 1~14 共 14 根大阳线,其中一直到第 14 号大阳线(或一字板)才被矩形阴 K 线 A 跌破低点,1~13 号大阳线低点从未被其他 K 线收盘价跌破过。

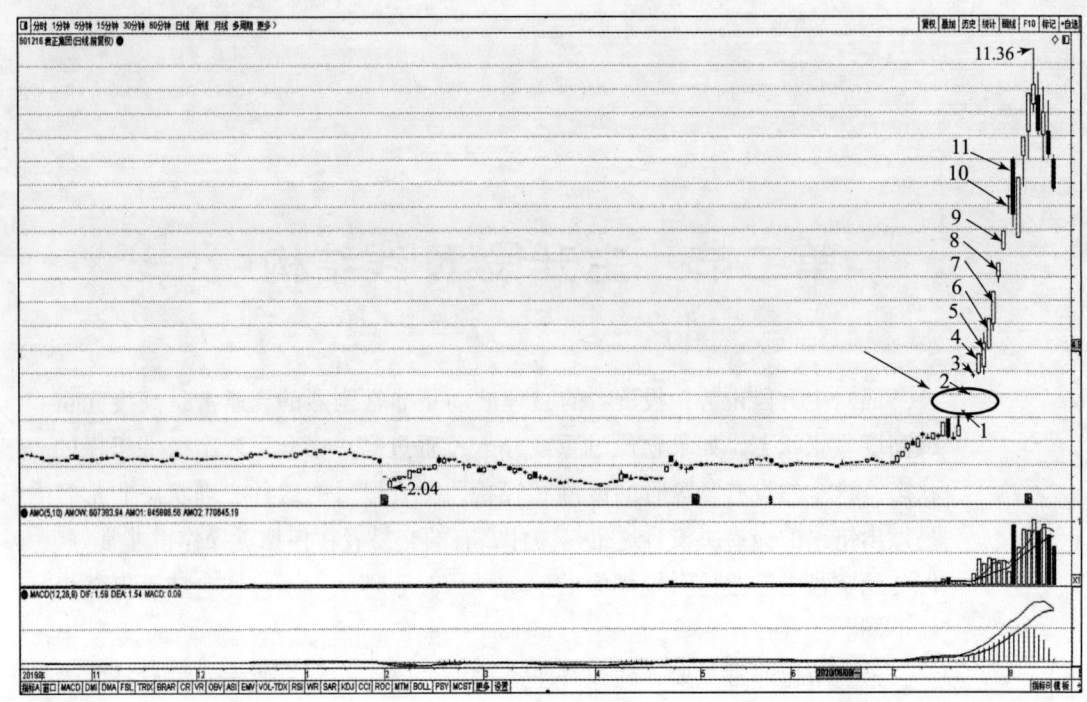

图 8-6 君正集团（601216）日线

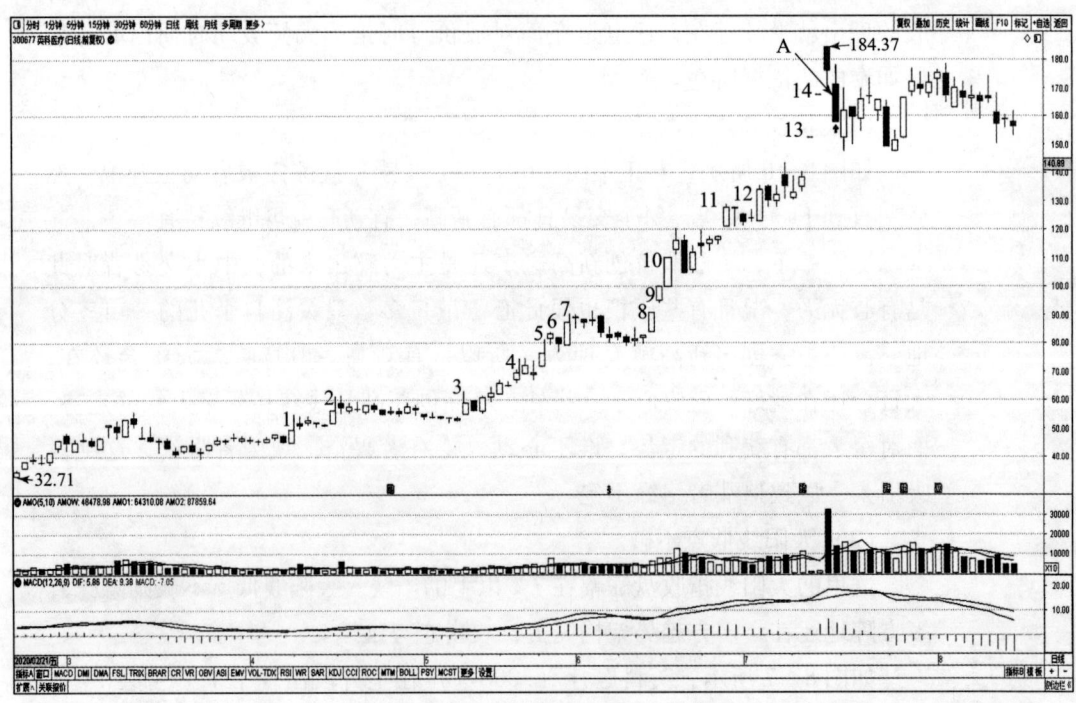

图 8-7 英科医疗（300677）日线

深究一下，一般大阳线低点意味着主力新一轮扫货的最低成本价。注意，这里是最低成本价，主力收集筹码的最低价格如果被跌破，那一般来说主力已无心恋战了，这显然是大事不好了。一般来说，大多数主升浪的终结都是由大阳线低点被跌破开始的，这是非常危险的信号。如果大阳线低点不被跌破，则意味着主力无撤退的打算，股价强势将继续，实盘时可考虑继续持股。

这里还要交代一个概念：图8-7中的2号和3号之间，7号大阳线和8号大阳线之间，这两处的整理K线虽然多，但不称为调整，而称为是整理，是强势夯实、整固之意。

第三节　大话主升段

想做好主升段，首先不是忙得不可开交，那样只是看起来很用功。要做好主升段，最重要的是做好心理准备，心态一定要轻松，这里说的"轻松"是指气定神闲，而不是一味地过度放松，过度放松会导致麻木不仁，进而会失去对盘面的感觉，那是必输的心态。

做主升段时千万别有恐高心理。你想想，主升段新高不断，你哪有那么好的运气随时能见到顶点？难道你一买彩票就能中 500 万元大奖？所以放宽心，别整得自己那么紧张，该持有时就持有，兴许能涨得非常高呢。在主升段持股，直至股价转折点来临，然后清仓。

有那么多主力在股市中巧取豪夺，面对股市中这些主力，你不能太老实，脑子要转得快一些，要像狐狸一样机敏，要沉稳如山但也要动如脱兔，持股的时候要稳和忍，卖出的时候要狠和准。

第九章
主升浪之调整结构

规避主升浪的调整段起点,在主升浪的调整结束点低吸,从而使操盘利润最大化,这是"美事"一桩。如何美梦成真?请看本章。

第一节 调整的起点

如图9-1所示，为调整架构示意。调整也是主升浪走势中值得高度注意的事，因为在实盘操作时很难判别股价调整的起点是不是主升浪的顶点，如果真的是顶点，那可就糟了。操盘时要记住，不能让自己陷入被动之中。调整的起点是事后诸葛亮式的判断，实盘时可能只是知道股价要调整了，这时切不可麻痹大意，操作时一定要谨慎，遇到调整的起点时要减仓。

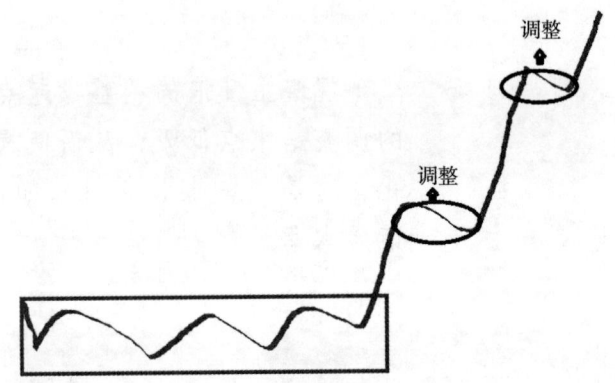

图9-1 调整架构示意

常见的主升浪调整的起点位置有9种形态，在《赢家之道2——底与顶》中对9种顶部K线形态做了详细讲解，如图9-2至图9-10所示。

（1）黄昏之星。

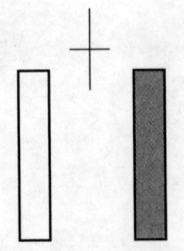

图9-2 黄昏之星

（2）看跌吞没。

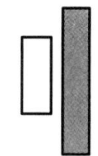

图9-3　看跌吞没

（3）乌云盖顶。

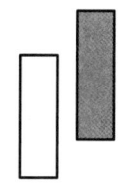

图9-4　乌云盖顶

（4）上吊线。

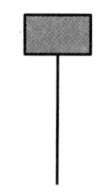

图9-5　上吊线

（5）射击之星。

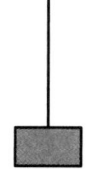

图9-6　射击之星

(6) 熊市孕育。

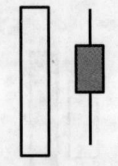

图9-7 熊市孕育

(7) 釜底抽薪。

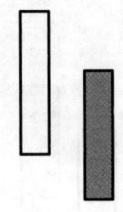

图9-8 釜底抽薪

(8) 乌鸦。

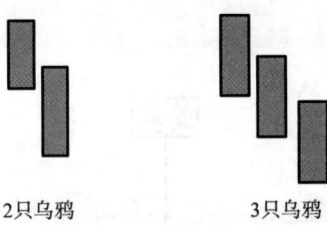

2只乌鸦　　　3只乌鸦

图9-9 乌鸦

(9) 天量天价。

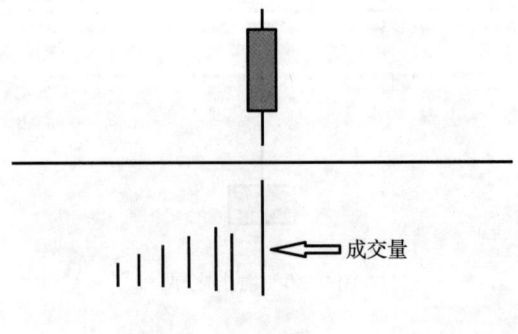

图9-10 天量天价

第九章 主升浪之调整结构

波段调整的起点常见的就这 9 种 K 线形态，如果不熟悉或忘记了，可以好好再看看《赢家之道 2——底与顶》，那里面不仅有对 K 线形态的解读，还有对分时盘口、量能结构等方面的分析研究，这对实盘分析波段高点是非常有用的。

波段调整一般是先要跌破最后一根大阳线低点的，这一点非常重要。

如图 9-11 所示，西藏药业（600211）主升浪出现了 3 次波段调整（最后一次波段调整比较严重，看跌吞没形态之后还未出现调整终结迹象，那根阴 K 线的高点有可能成为主升浪顶点），调整的起点位置分别出现了天量天价、釜底抽薪、看跌吞没 3 种形态，这 3 种 K 线顶部形态出现后就要果断减仓，不能犹豫。

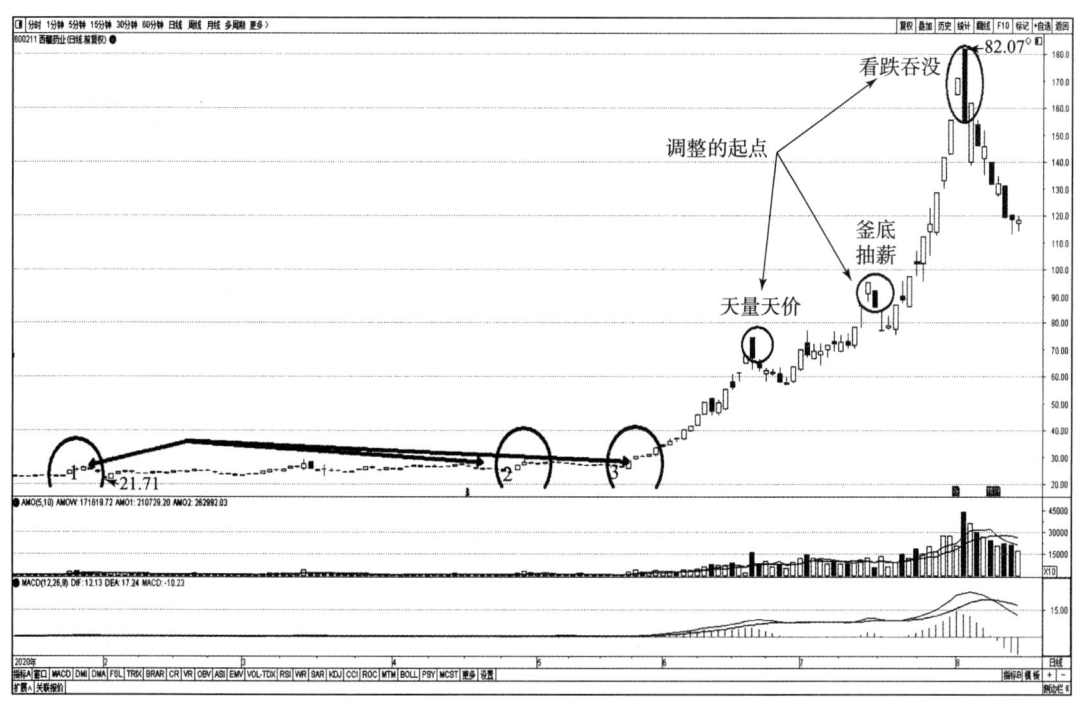

图 9-11　西藏药业（600211）日线（波段调整）

实盘时的心态和复盘时是完全不一样的。比如釜底抽薪那个位置，跌停 K 线一出，就构成了看跌吞没形态。该股前期涨幅比较大，这时实盘要考虑主升浪已经见顶的可能，要谨慎处理，即要考虑大幅减仓，然后观察调整结束点能否出现，如果能出现，那结束点出现后再考虑买回来，反正是中小交易者，买回来仅需几秒钟的时间，这是中小投资者的巨大优势。

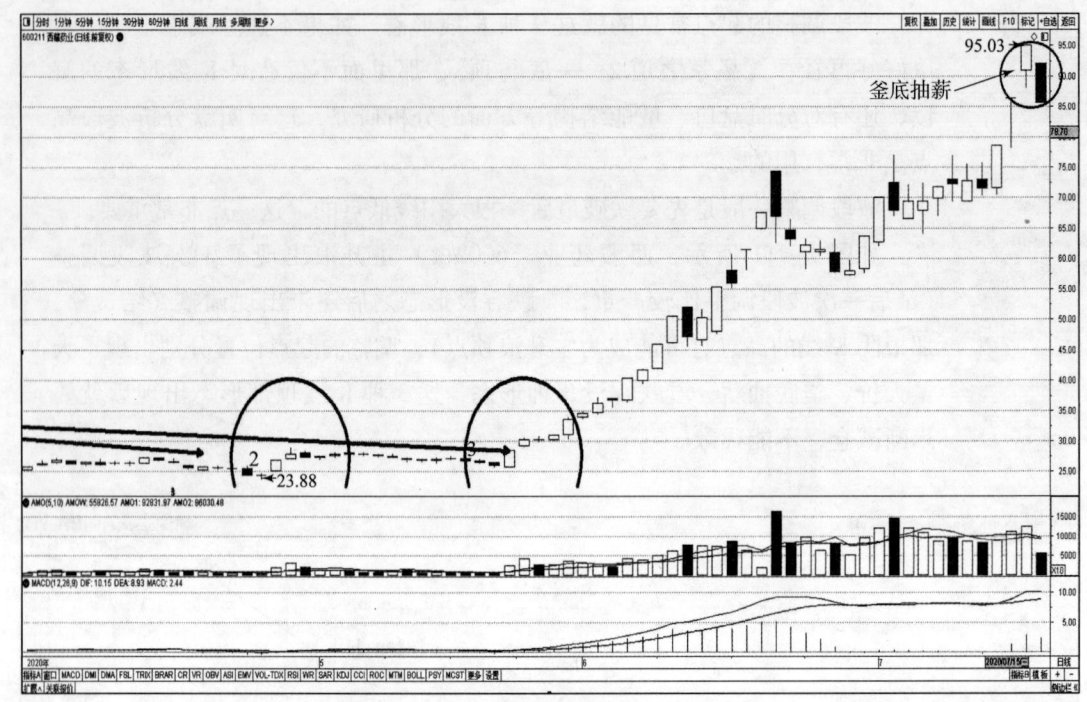

图9-12 西藏药业（600211）日线

还有极端情况出现，这种情况常见于少数"妖股"走势中，即看似波段调整已经出现，但次交易日股价立即反转，这种情况该怎么办？

如图9-13所示，在王府井（600859）中，主升段，1号K线和2号K线组成了釜底抽薪形态，这是短线强势反转的信号，意味着股价波段调整大概率即将开始，2号K线收盘时接近跌停，但次交易日，3号K线出人意料地收复了2号K线失地，这种情况怎么办？

实盘处理时，是很难尽善尽美的。当2号K线出现时，还是要考虑减仓；当3号K线出现时，则应考虑加仓操作，要把2号K线卖掉的筹码再次追高捡回来。这是操作原则问题，因为2号K线出现时确实有可能出现大幅波段调整，减仓处理没问题，实盘时就得这么干，而3号K线出现时，股价走势再次反转，追涨也没什么可犹豫的。那这么处理不是短线低卖高买了吗？是，绝对是。问题的核心在于你虽然为此让渡了部分利润，但保证了自个儿相对安全，而且依然能获取股价走势中的大部分利润。

如图9-14所示，星期六（002291）这股主升浪也多次出现了类似的情况，处理模式类同于上述例子中的西藏药业。读者朋友可以自己看图思考一下。注意，复盘时的态度要等同于实盘。

深究一下，此时实际还有个疑惑未能解决，那就是调整起点出现之后，如何判断这个调整点不是主升浪顶点？有没有针对此的定性技术？请看下一节。

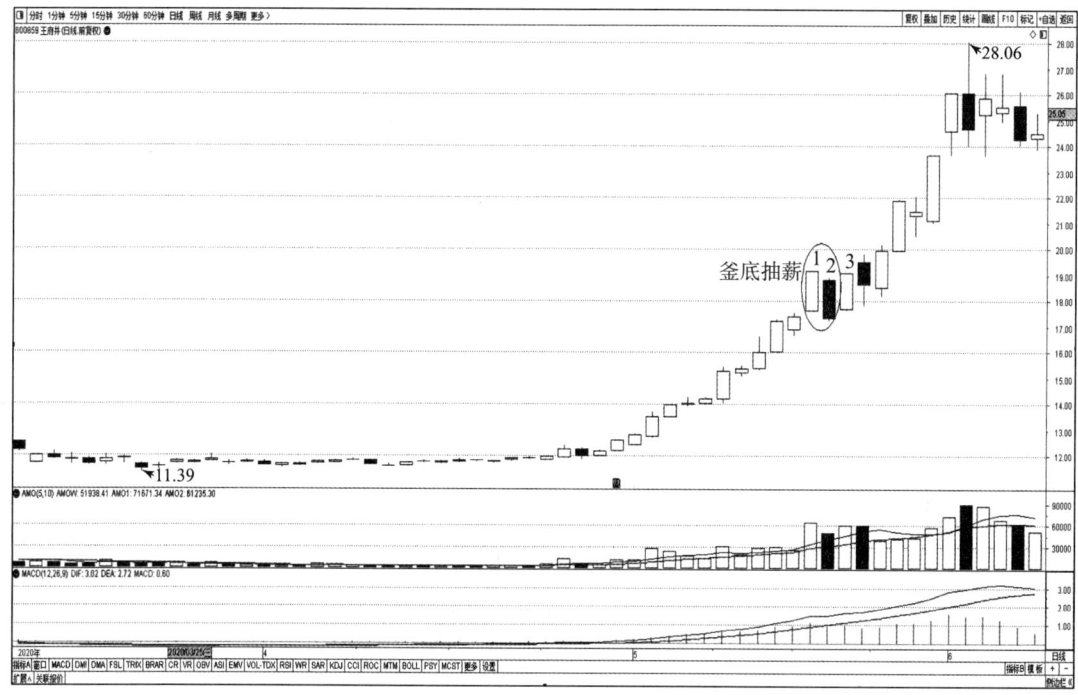

图 9-13　王府井（600859）日线

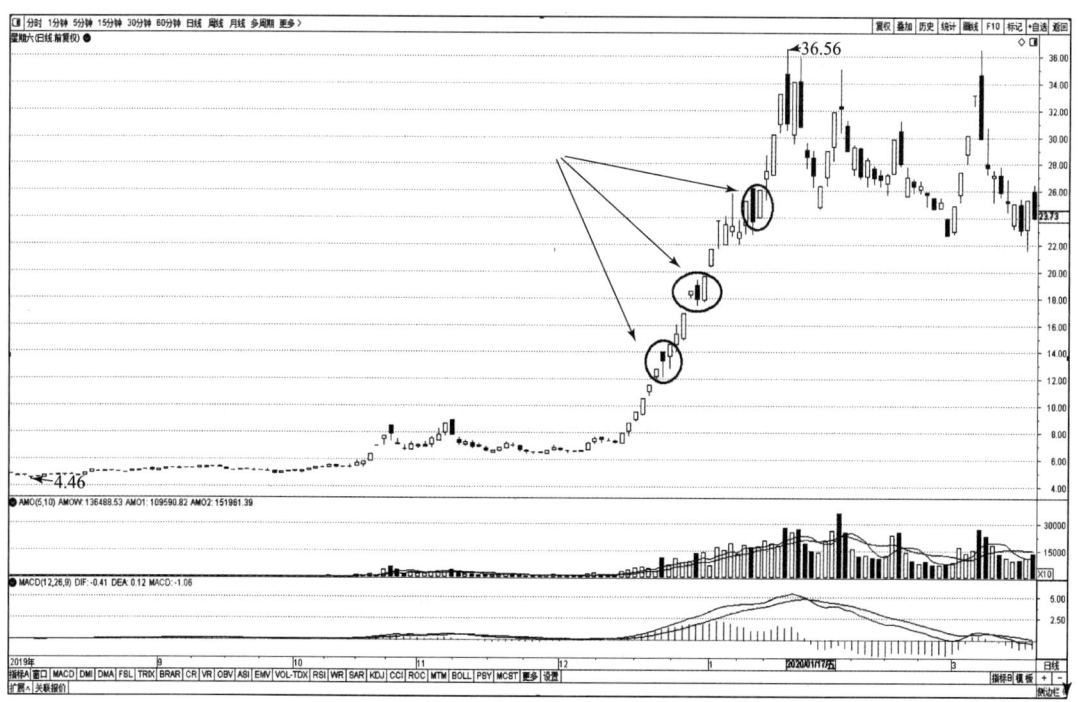

图 9-14　星期六（002291）日线

第二节 调整的量能结构

调整的量能结构相对拉升的量能结构大体呈现出缩量状态，如图9-15所示。如果调整时出现相对缩量的量能结构状态，那么很可能主升浪还在延续，也就是说主升浪顶点很可能还未出现，在调整结束点出现时可考虑买回波段高点减仓的筹码。

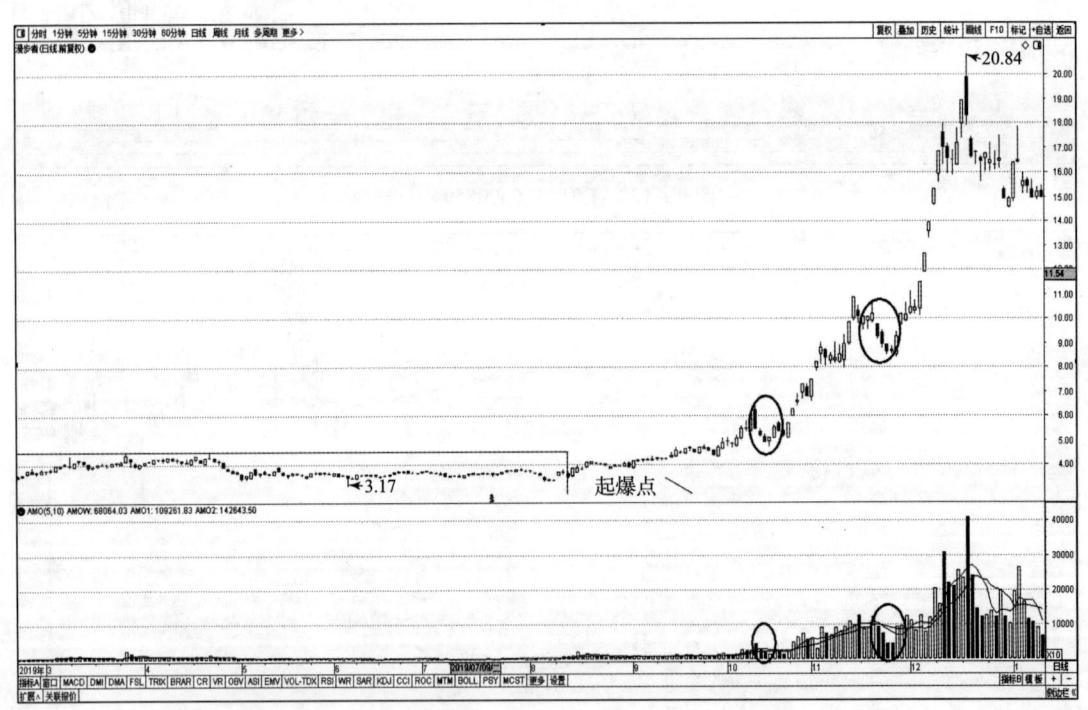

图9-15 漫步者（002351）日线

如图9-16所示，为达安基因（002030）主升浪3处缩量调整，请读者自己看图分析一下。

如果调整起点出现后，随后的调整量能就会非常大，如图9-17所示，图中有3处调整对应的量能结构比拉升时还要大一些，这时的调整

第九章
主升浪之调整结构

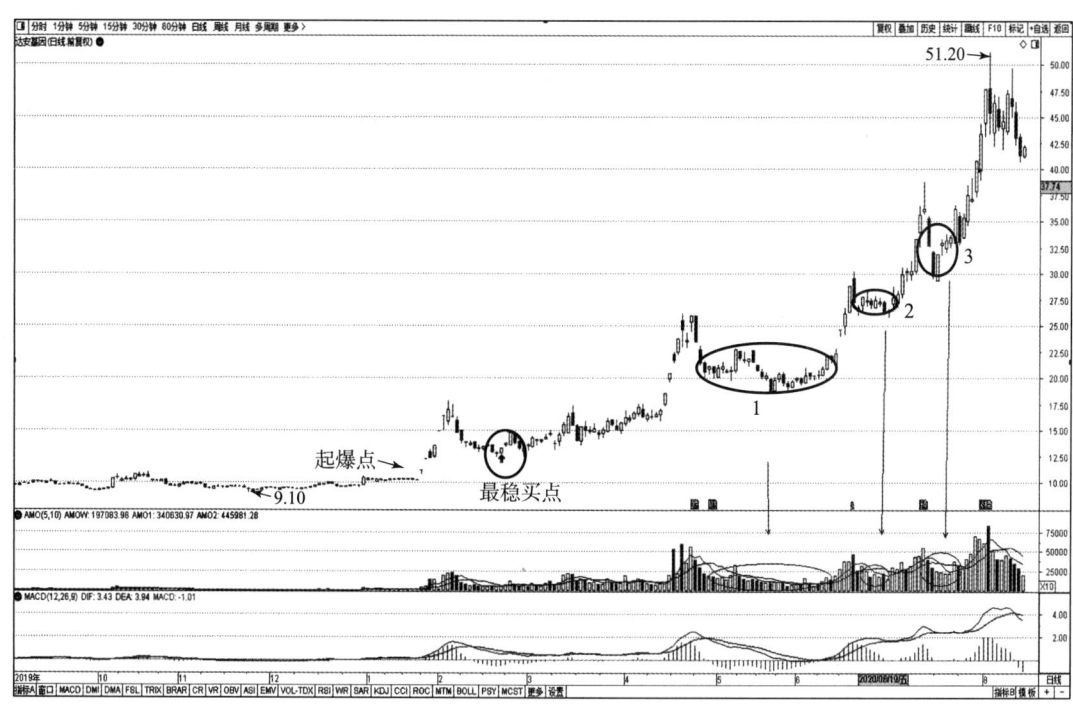

图 9-16 达安基因（002030）日线

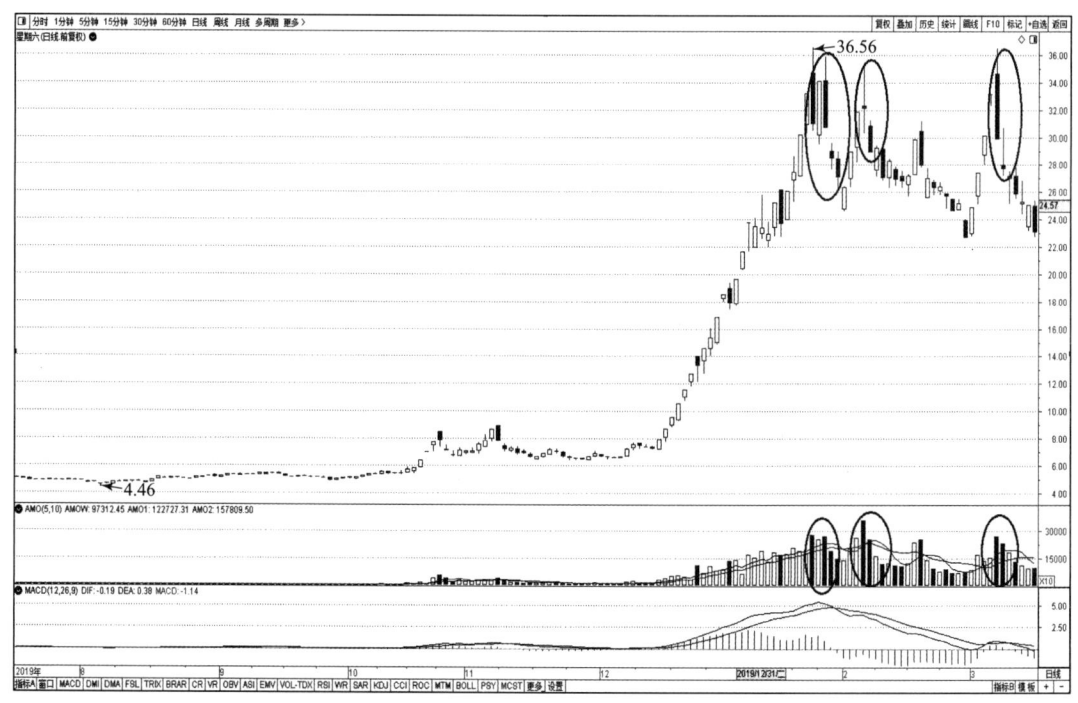

图 9-17 星期六（002291）日线与顶部放巨量

性质可能就变了,这种量能结构就很可能让第一处椭圆位置的高点演变成主升浪顶点,这种情况即便波段低点出现也没必要接回了,建议逢高清仓。大资金一旦出货,主升浪行情可能就终结了,那行情再来一波可能至少要等一两年之后了。漫漫下跌路,苦着呢。

第三节 调整的空间结构

主升浪的调整不同于一般走势的调整，其波段调整幅度大多数小于30%；如果调整幅度大于50%，则基本意味着主升浪行情已经结束，如图9-18所示。

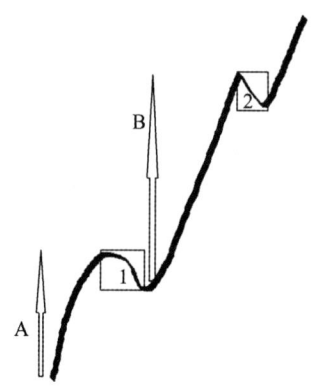

图9-18 调整空间结构示意

注意，1处的调整幅度是指相对前一波拉升A的高度而言的；2处的调整是相对于其前一波拉升B的高度而言的。

如图9-19所示，为江山欧派（603208）主升浪调整，1、2、3处调整皆是浅幅调整，这是主升浪维系的必要条件，实盘时仍可考虑持股。此外请注意，目前看第3处调整可能是有些问题的，空间幅度虽然较小，但量能结构似乎大了些，这时还是要谨慎些，仓位似乎要控制一下才好。

如图9-20所示，为妙可蓝多（600882）主升浪中的2处调整，请读者自己看图分析。

如图9-21所示，为海汽集团（603069）日线。图中矩形处调整的幅度已经在前一波拉升幅度的50%附近了，这意味着该股主升浪行情可能已经结束。这种情况下，减仓的筹码就不要考虑接回来了。

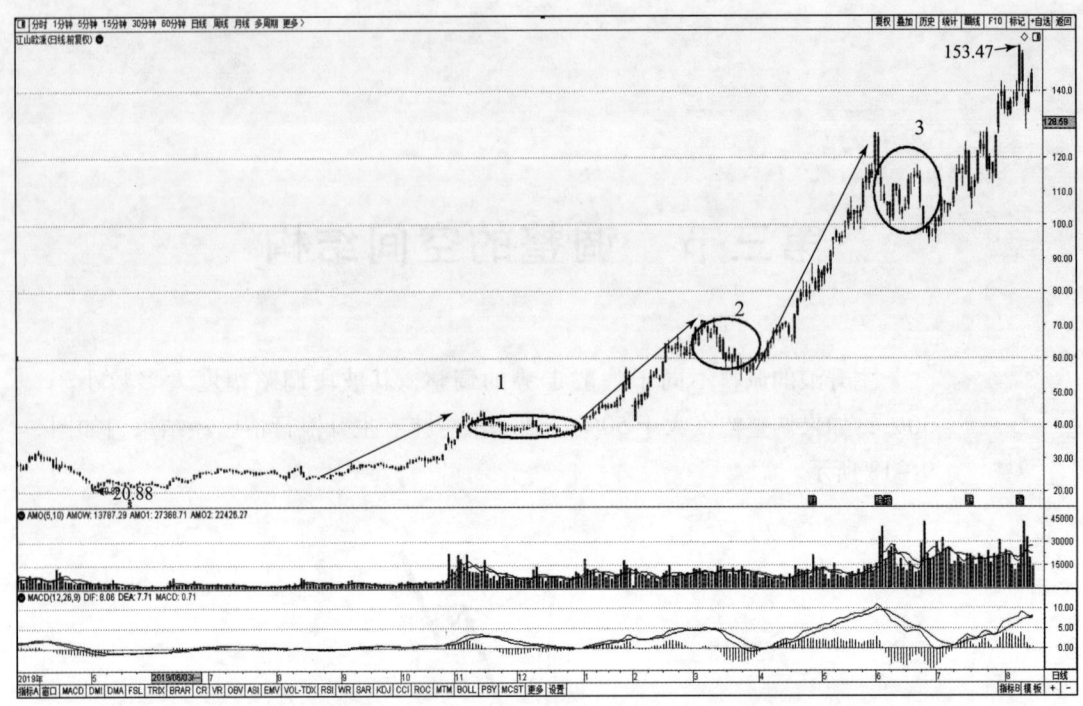

图 9-19 江山欧派（603208）日线与浅幅调整

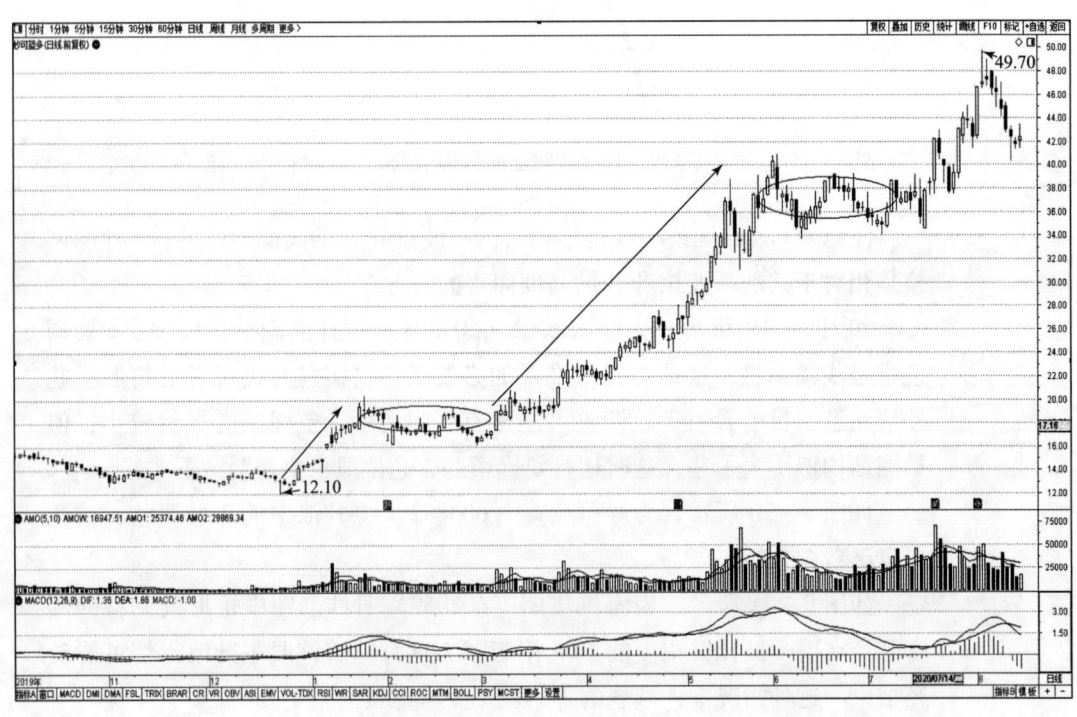

图 9-20 妙可蓝多（600882）日线

第九章
主升浪之调整结构

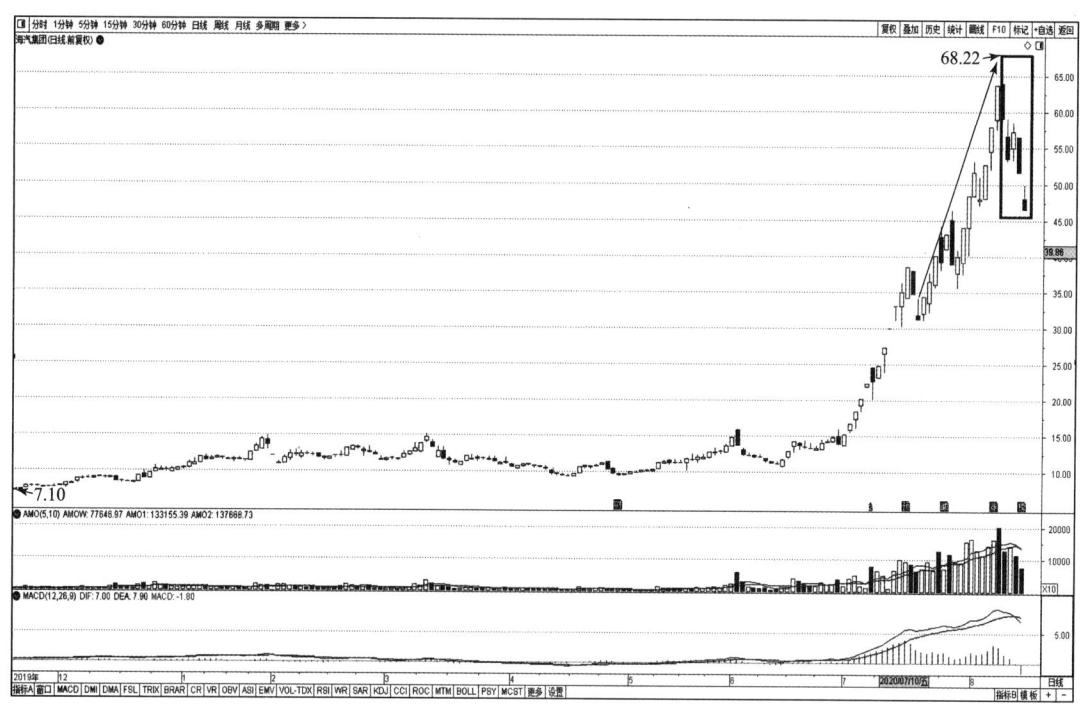

图 9-21 海汽集团（603069）日线

第四节 调整的终结

判断主升浪调整的终结位置是件大事，因为高点减仓的筹码还是要接回来的，复利操作这事很重要。

常见的主升浪调整的结束位置有 9 种 K 线形态，笔者在《赢家之道 2——底与顶》中对这 9 种底部 K 线形态做了详细讲解，如图 9-22 至图 9-30 所示。

（1）启明星。

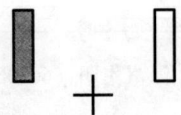

图 9-22 启明星

（2）看涨吞没。

图 9-23 看涨吞没

（3）刺透。

图 9-24 刺透

（4）金针探底。

图 9-25 金针探底

（5）倒锤子线。

图 9-26 倒锤子线

（6）牛市孕育。

图 9-27 牛市孕育

（7）夺命长阳。

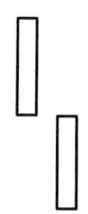

图 9-28 夺命长阳

（8）红三兵。

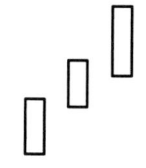

图 9-29 红三兵

(9) 底部大量。

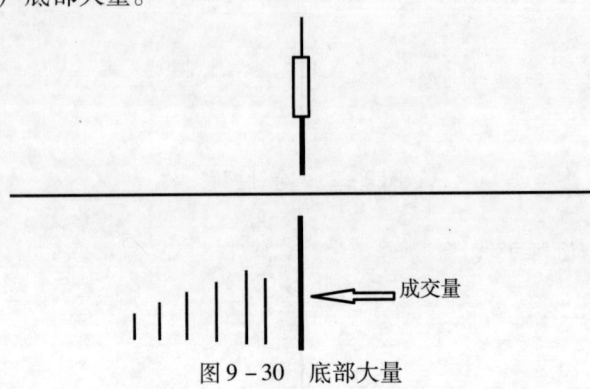

图 9-30 底部大量

常见的波段调整结束点就这 9 种 K 线形态，如果想对调整结束点进行精准的捕捉，建议读者好好看看《赢家之道 2——底与顶》，里面有对底部 K 线形态、分时盘口、量能结构等方面的分析研究。另外，需要说的是，有些个股波段底部可能会出现反复夯实筑底的情况，可能会出现《赢家之道 2——底与顶》中的平底、圆形底等底部结构形态，建议不怎么熟悉的读者再看看书。

如图 9-31 所示，标出了赤峰黄金（600988）主升浪中的 4 处调整结束点，实盘把握起来并不难，但操作成功与否可能主要还在于交易时的心理状态。

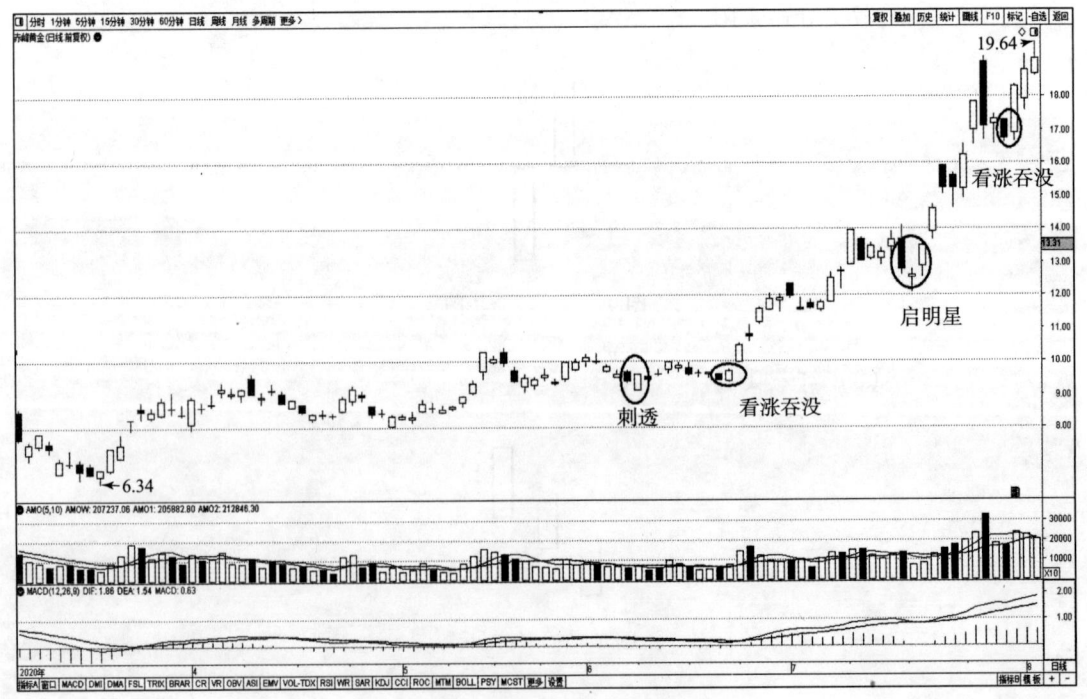

图 9-31 赤峰黄金（600988）日线

第九章
主升浪之调整结构

如图9-32所示,已标出鸿路钢构(002541)主升浪中的4处调整结束点,请读者自己个看图分析一下。

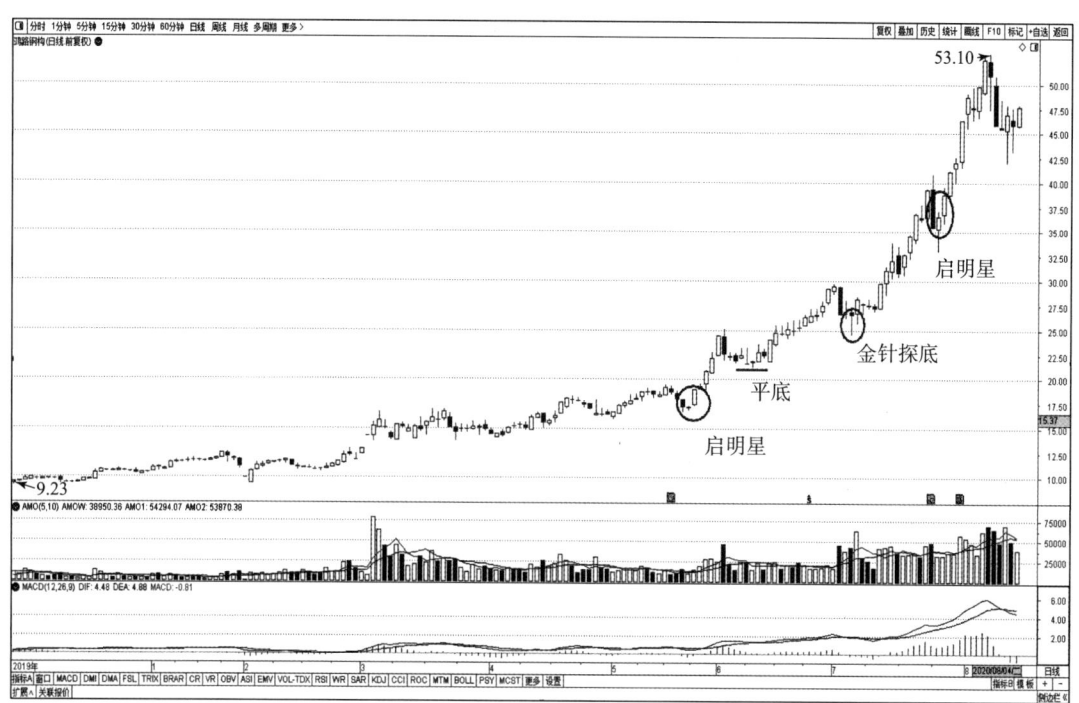

图9-32 鸿路钢构(002541)日线

仅有上面的技术储备可能还不够,因为实盘中遇到的情况有时会比较复杂,而波段调整有时也不是一蹴而就的,会出现反复筑底情况,这种情况需要操作时更细致一些,交易心理也要求更耐心些。

如图9-33所示,已标出江山欧派(603208)主升浪调整(矩形处所示)。在1处出现看涨吞没形态,实盘时,这里通常会做出调整大概率已经结束、考虑加码的操作,但随后又出现了触底走势,且跌破了第1处调整的低点,那此时要考虑把加仓的筹码先卖掉,等待第2处类启明星形态出来后,再考虑再次加仓。实盘时要保持足够的机敏和耐心,要是主升浪可以轻轻松松搞定,那这世上该有多少"巴菲特"?

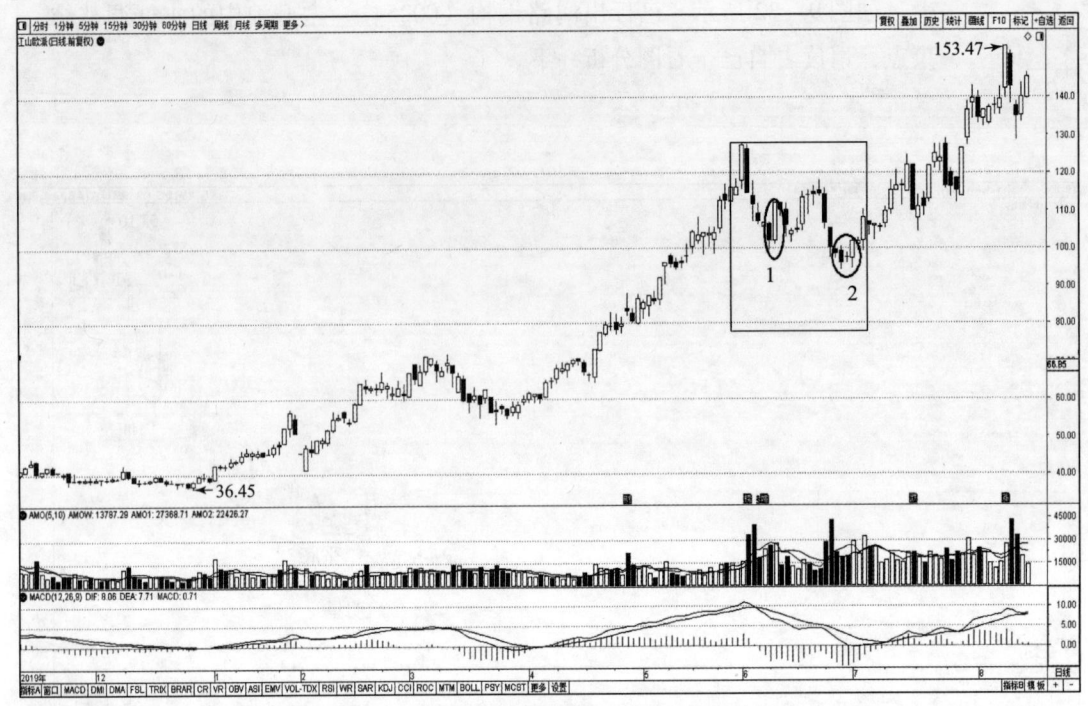

图 9-33 江山欧派（603208）日线与主升调整

第十章
主升浪之冲顶

股市中最大的悲哀就是被套在"山顶"上站岗。如何避免这样的悲剧?请认真读本章。

第一节 冲顶前的先兆（上）

走着，走着，花就开了，涨着，涨着，顶就到了。冲顶走势是主力精心策划的"割韭菜"的最后一步，通常是冥思苦想、绞尽脑汁、算尽机关也要坑掉小散户的最后一步。这一步走完，对主力来说，也基本意味着大功告成了；可对散户来说，这是必须要特谨慎的一步，这一步一定不能出错，出错了后果可能很严重，好一点的可能被套个一年半载，但如果运气不好就有可能被套个三五年甚至更长时间。所以，此时一定要谨慎。

根据笔者多年的"狩猎"经验，狐狸再狡猾也有漏出尾巴的时候。在股价冲顶前，总会漏出点蛛丝马迹，这就为实盘操作提供了决策依据。

很多主升浪个股在冲顶前都会有一个缩量涨停的走势。注意，这里是缩量涨停，因为缩量大涨交易者还有买入的机会，而缩量涨停，那是一丁点机会都没有，这种情况，轻仓的后悔仓位太轻，场外的眼红没能入货，一堆"干柴"就这样被聚集了起来，这些潜在的购买力在等着机会释放。

用不了多久，可能也就一两个交易日，这些"干柴"就可能被主力点燃，然后给足了机会。主力慷慨地给他们分发筹码，让所有想买的人都能买得到，人人有份，等"干柴"的心愿终于满足时，熊熊的大火已经燃烧起来，"干柴"最终化成了灰烬。

如图10-1所示，在1号K线和2号K线之前的这股量能结构非常平稳，然后1号K线和2号K线突然缩量涨停。注意，这不是个例，很多主升浪个股冲顶前都有这样类似的习惯，2个涨停，还不把那些场外想买而没买的热情燎的老高？而轻仓持股的人可能也在哀叹咋就没重仓呢。

不过，这还不算完，更精彩的还在后面。等到第3根K线（注意，第3根K线是跌停价开盘），踏空者是不是感到终于捡到了便宜，很幸福？但有时幸福与不幸是邻居。

第十章 主升浪之冲顶

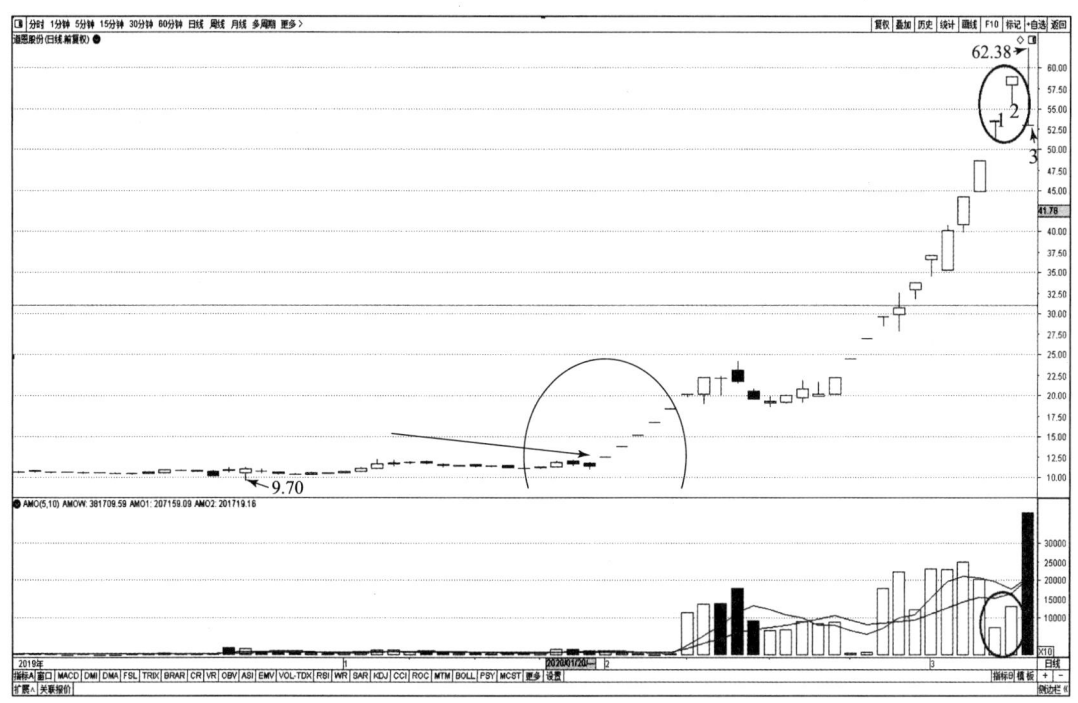

图 10-1　道恩股份（002838）日线

3 号 K 线（图 10-2）集合竞价成交了 400 多万股，2 亿多元，可见涌入的交易者何其多。这就是想买的欲望被憋得太久了，购买力终于被释放了出来，一堆干柴终于点燃了。然后，干柴变成了灰烬，而点火的主力早已功成身退……

从这股最后的冲顶走势来看，其主力确实是洞悉人性的高手，设局也极其巧妙，特别是缩量涨停而后又跌停开盘，堪称神来之笔，非常佩服。

如图 10-3 所示，为新日恒力（600165）日线，这和上述例子很相似，请读者自己看图分析一下。

这种缩量涨停之后又放量的情况也多见于次新股走势中，这就是为什么很多上市后的新股，一旦一字板打开就容易见顶。

主升浪走势中的个股突然缩量涨停往往是股价即将见顶的先兆之一，那股价即将见顶之前还有没有其他先兆呢？

继续看下一节。

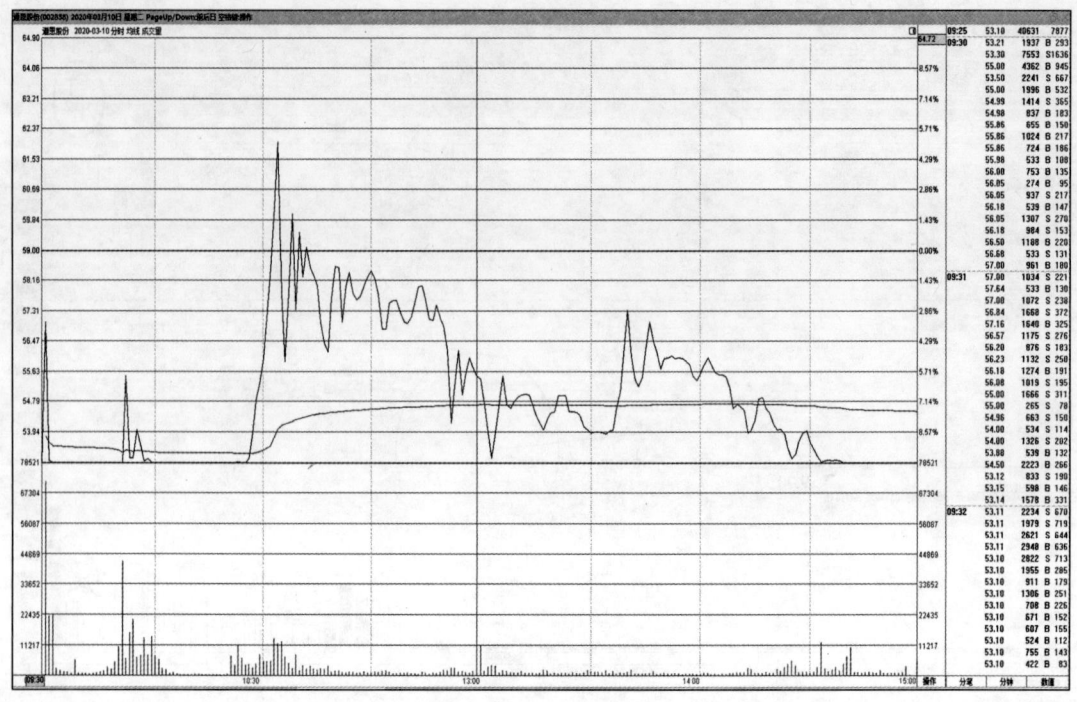

图 10-2 道恩股份（002838）3 号 K 线的分时

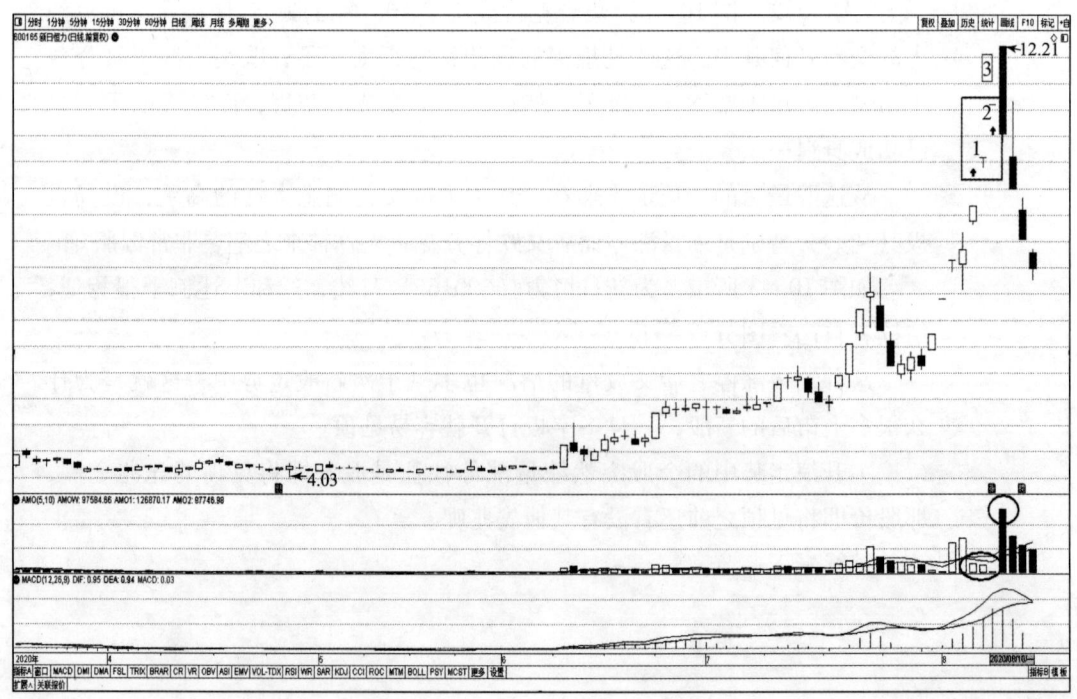

图 10-3 新日恒力（600165）日线

第十章 主升浪之冲顶

第二节 股价冲顶的先兆（下）

如果股价在高位调整（或整理）时量能过大，而随后又越过了调整（或整理）的高点，这时股价处于冲顶阶段的概率很大，如图10-4所示。

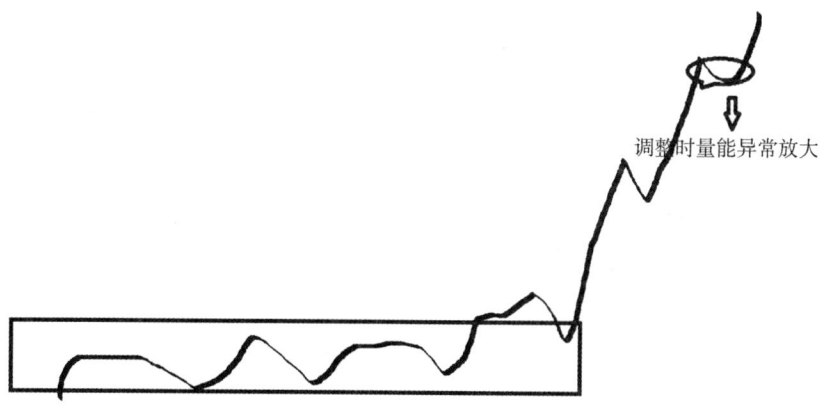

图10-4 量能异常放大常出现的位置

如图10-5中的A处，整理时量能放大得太过明显，比前面拉升的量能要大的多，这种情况多数猫腻，通常是主力部分减仓造成的大额成交。这意味着主力已经无心恋战，后面的冲高很可能是利用A处减仓的资金来拉升操盘，也就是不愿再投入新的资金拉升了，这种情况下多数是主力去意已决的先兆，再拉升冲顶跑路就是通常的套路了。

如图10-6椭圆位置似曾相识，看来这两个主力的操作技能可能是同一个师傅教的，请读者自己分析吧。

如图10-7所示，椭圆位置看起来和图10-5、图10-6也很像。

除股价在冲顶前有先兆之外，股价在冲顶过程中有什么特点可做实盘操盘决策依据呢？

请看下一节。

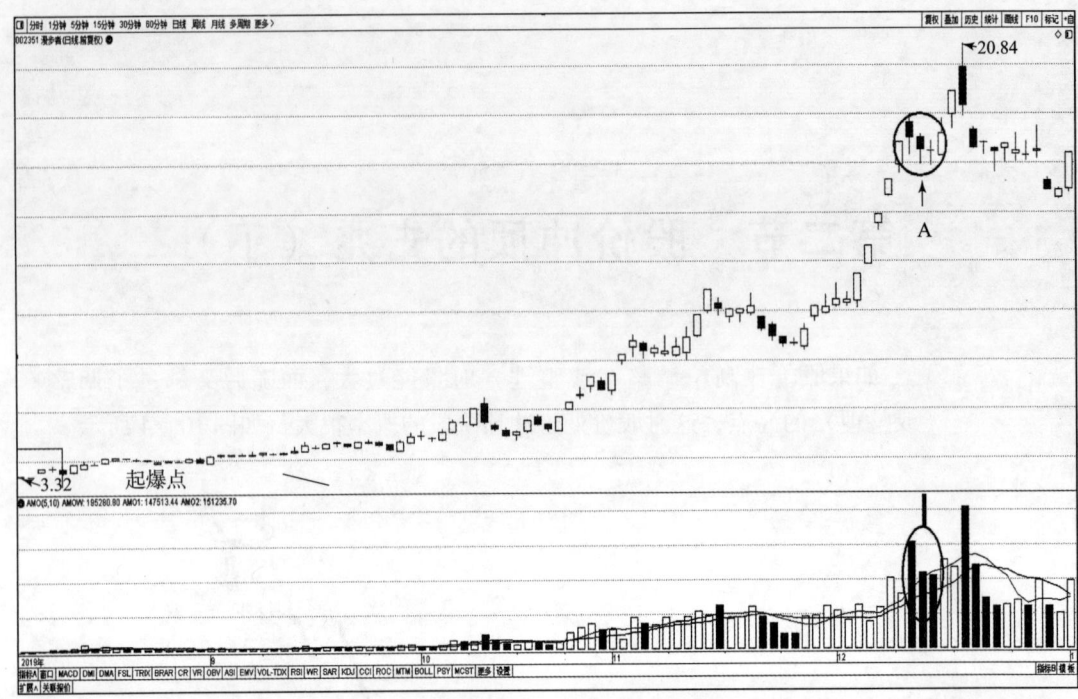

图 10-5 漫步者（002351）日线

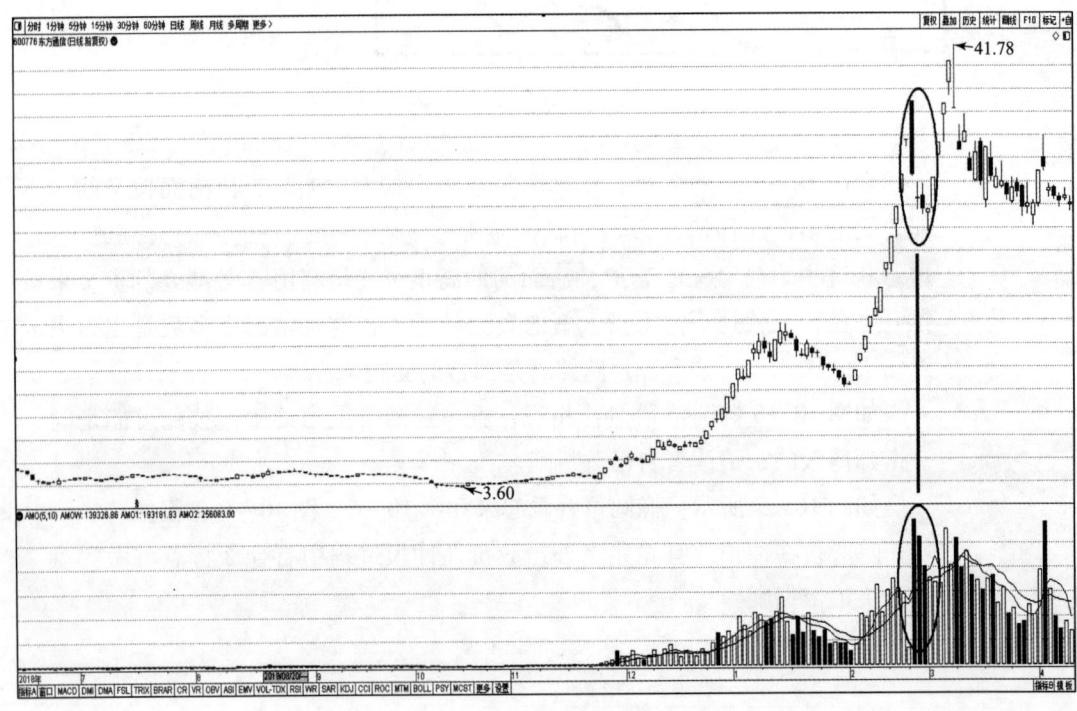

图 10-6 东方通信（600776）日线

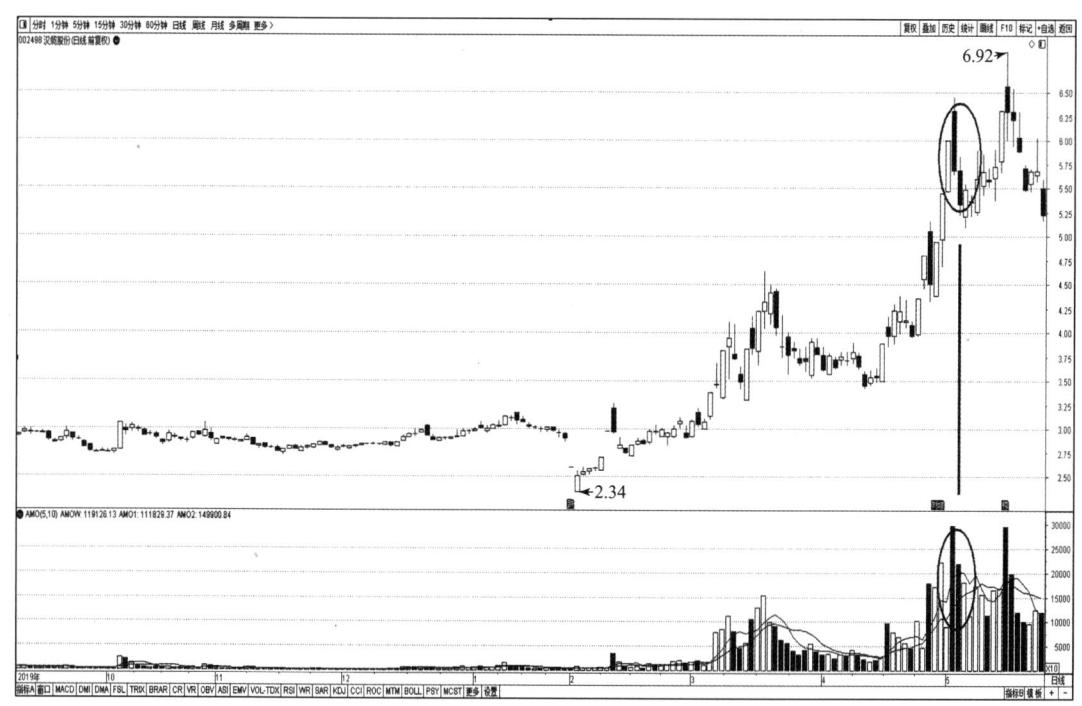

图 10-7 汉缆股份（002498）日线

第三节 冲顶时的量价结构

如图 10-8 椭圆处所示，调整量大无比，这是股价即将冲顶的先兆，随后一根大阳线止跌，且其后出现了 3 根 K 线。先一起来深究下这 3 根 K 线。

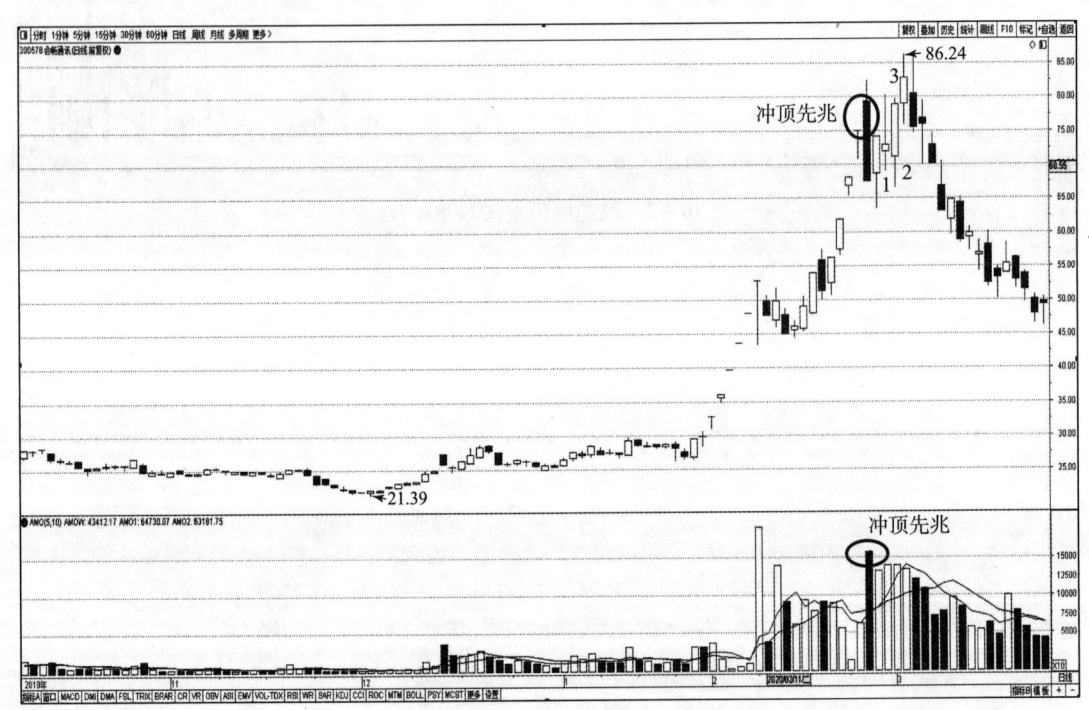

图 10-8 会畅通讯（300578）日线（一）

如图 10-9 所示，1 号 K 线、2 号 K 线、3 号 K 线都有个共同特点，那就是成交量非常大，股价涨幅却不大。为什么在此之前量能很小能涨停，而现在量能这么大却不能涨停？一推理，结果就出来了：多方量能耗尽，已经无力将股价推升至涨停了。再细究一下，在 1 号 K 线至 3 号 K 线是股价上涨的过程，散户一般是不会卖股票的，很多散户还要等着大涨赚钱呢，那既然散户没有卖，那是谁在卖？答案很明显，那就是主力在暗中卸货，这是股价滞涨的最根本原因。

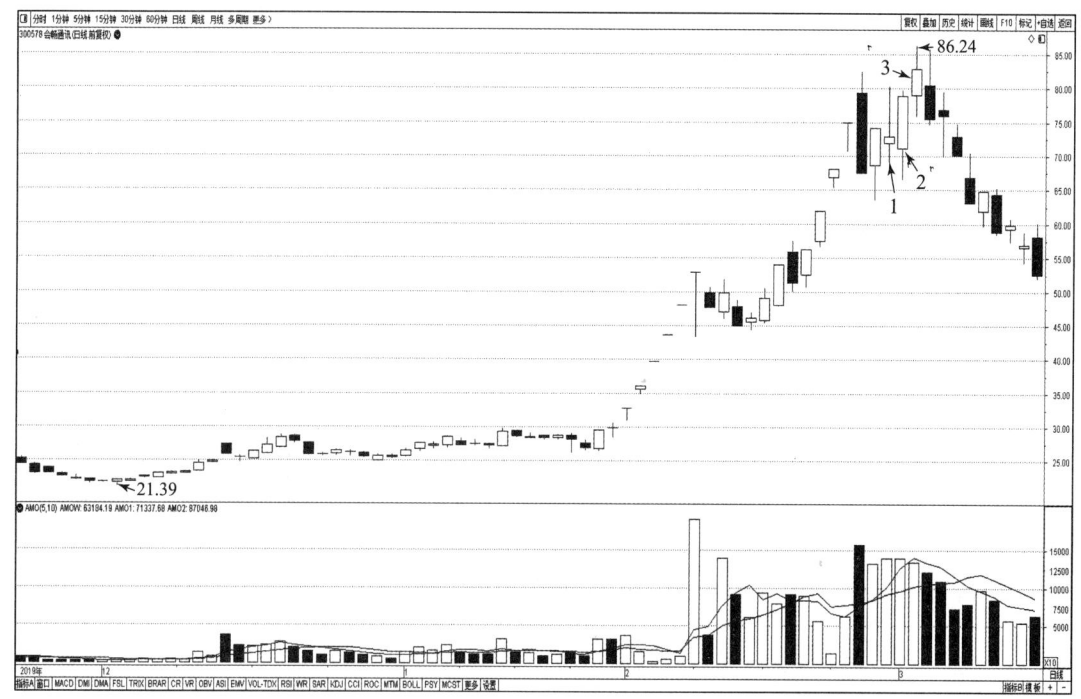

图 10-9 会畅通讯（300578）日线（二）

所以，在股价冲顶过程中，最常见的量价结构就是努力付出而没有回报，即放量而滞涨。其最深层次的根本原因是主力派发筹码造成的。

如图 10-10 中椭圆处所示，量能似乎放大到了极致，却不来个涨停，这是不好的征兆，下一步可能就是要"割韭菜"了吧？

图 10-11 与前面的分析类似，请读者参照图自己分析一下吧。

对主升浪结构的个股来说，由于主力筹码非常多，所以仅靠冲顶时派发还是发不完的，几乎没有任何例外，主升浪在出货环节都会出现暴跌。对主力来说，最后还是要靠放量暴跌来完成出货；对中小交易者来说，一定要认真识别大资金的出货环节并尽早脱身，否则主升浪出货环节之后，很多时候都是慢慢阴跌之路，等下一波行情再起，那可能是猴年马月的事情了。

所以，下一章很重要。

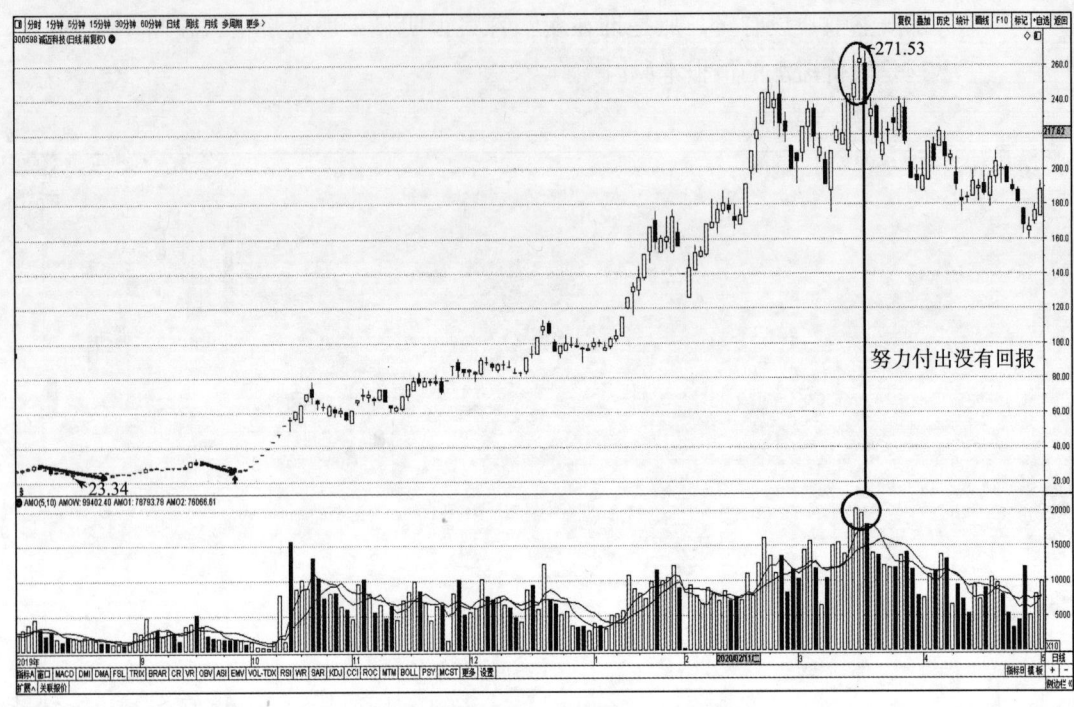

图 10-10 诚迈科技（300598）日线

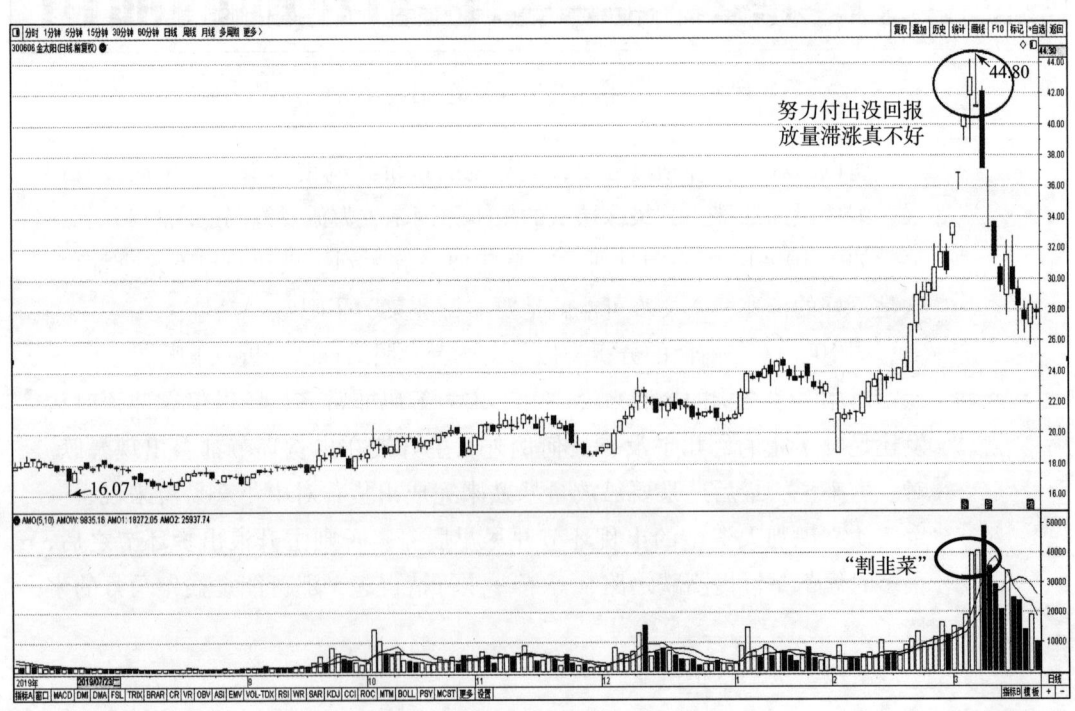

图 10-11 金太阳（300606）日线

第十一章
主升浪之终结

每次都能识别主升浪顶部,每次都能胜利大逃亡,你想不想如此?认真阅读本章,或能为你成功助力。

第一节 主升浪涨幅

主升浪卖点出现时就要卖出,这是最正确的操盘决策,因为随后就是主力出货的过程。所以大体要对主升浪的高度有个估算,这可以在一定程度上避免在"山顶站岗",这也是过程控制的一部分。

主升浪的最终高度是和主力底部拥有的筹码数量密切相关的,主力底部数量筹码的多少在很大程度上将决定股价能拉升多高,所以主力底部筹码的多少是实盘时需要高度注意的数据之一。根据这么多年的操盘经验和数据统计,下面给出一些数据信息供大家操盘参考,如表11-1所示。

表 11-1 数据信息

建仓区间内的换手率	目标价/元
100%~200%	成本价×1.382
200%~500%	成本价×1.618
500%以上	成本价×2.618

采用的时间段为2001—2020年8月的A股市场中部分主升浪个股进行数据统计,统计时以谨慎为主要原则,可信度约为80%,但也有少部分个股最终高度低于上述目标价位。这个市场不是千篇一律的,因为系统环境、主力资金来源等可能会制约主升浪的最终高度。所以,上述数据信息仅作为诸位读者实盘操作时的参考,主升浪的最终高度是啥就是啥,该卖时就卖是唯一正确的事。

另外,说一下主升浪成本(图11-1)的计算。

在建仓区间内出现若干个高低点,先将每个高低点成本相加除以2得到每波拉升打压的平均成本,再求所有平均成本的平均数,得到的大约就是大资金的平均建仓成本。

如图11-1所示,成本价≈

$$[(A+A_1)/2+(B+B_1)/2+(C+C_1)/2+(D+D_1)/2]/4$$

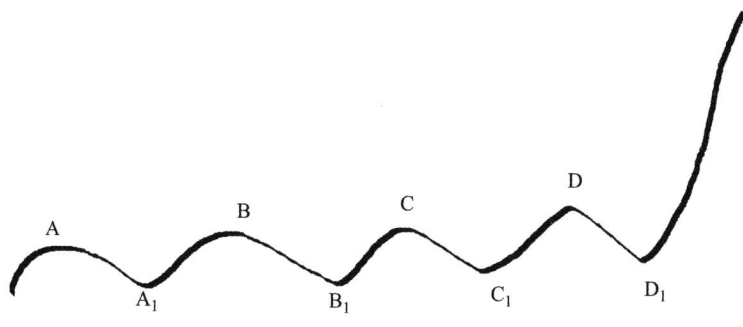

图 11-1 主升浪成本

计算起来似乎有些复杂，但在实盘时一般看一眼就能知道成本价大概是多少。一般地，建仓区间的中轴线价位（图 11-2）即为成本价的大概数值。

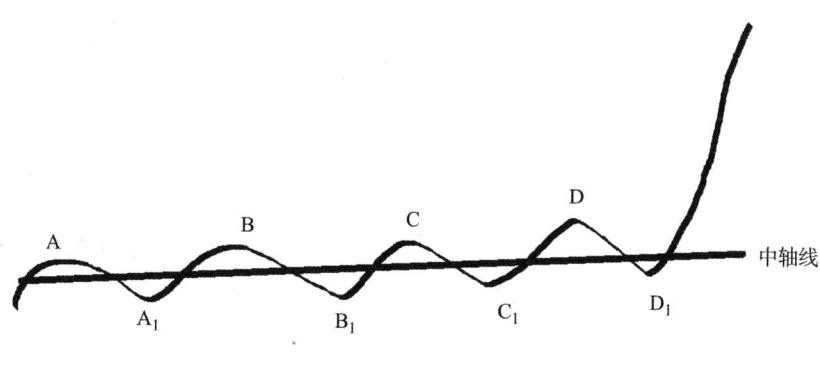

图 11-2 中轴线

但对于混合结构的底部建仓区间，还是要动手算一算。

如图 11-3 所示的道恩股份（002838），其建仓区间内的累计换手率为 954.61%（500% 以上），中轴线价位约为 11.5 元，此时可估算主升浪高度价位约为

$$11.5 \times 2.618 = 30.107 \text{（元）}$$

该股主升浪高度最终为 62 元附近，比估算高度高很多。前文也说过，数据统计主升浪高度时采取的是谨慎原则，多数情况下最终高度可能要高于统计的高度。

再如图 11-4 所示的赛微电子（300456）。其建仓区间内的换手率为 1811.51%，中轴线价位约为 14.45 元，则预估主升浪最终高度价位约为

$$14.45 \times 2.618 = 37.83 \text{（元）}$$

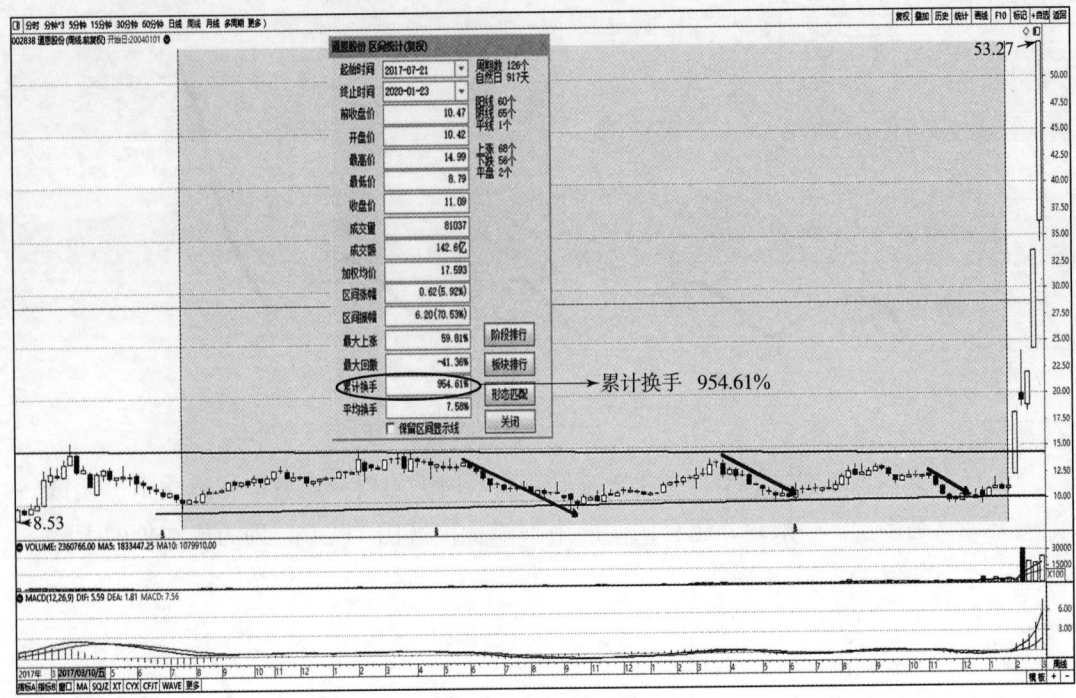

图 11-3　道恩股份（002838）日线

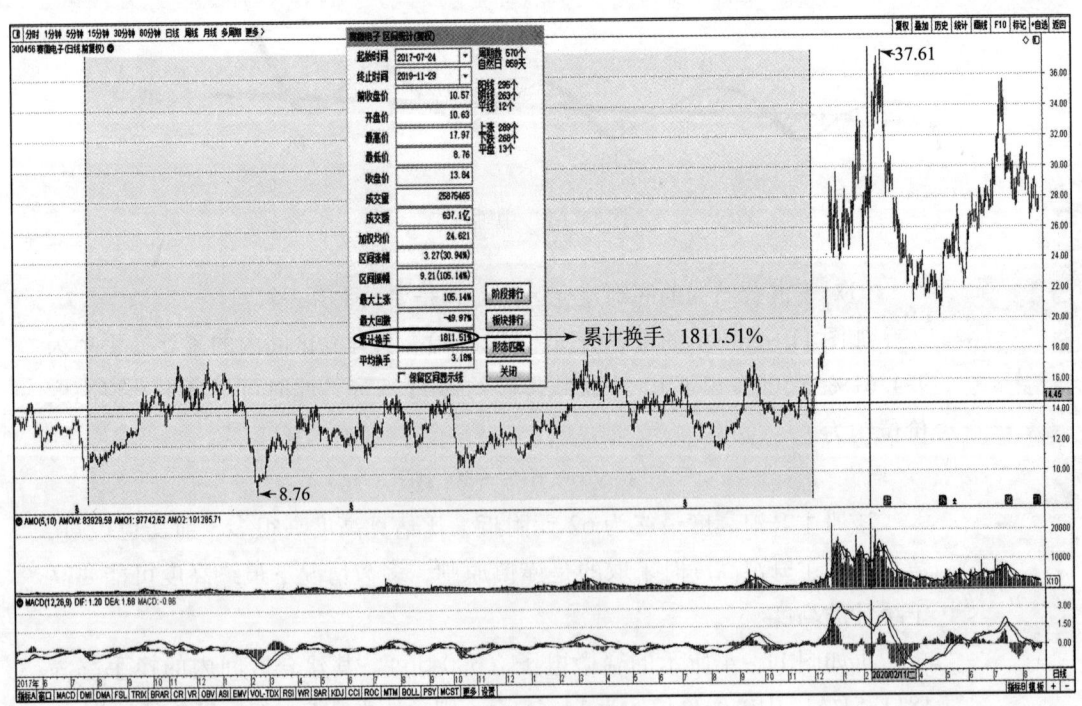

图 11-4　赛微电子（300456）日线

从图形上看，该股冲高至 37.61 元附近开始回落，这个预估价位和走势高点非常接近。

在个股的 K 线走势图中，右键单击"区间统计"选项，点击该项即可统计建仓区间内的各项数据，如图 11-5 所示。

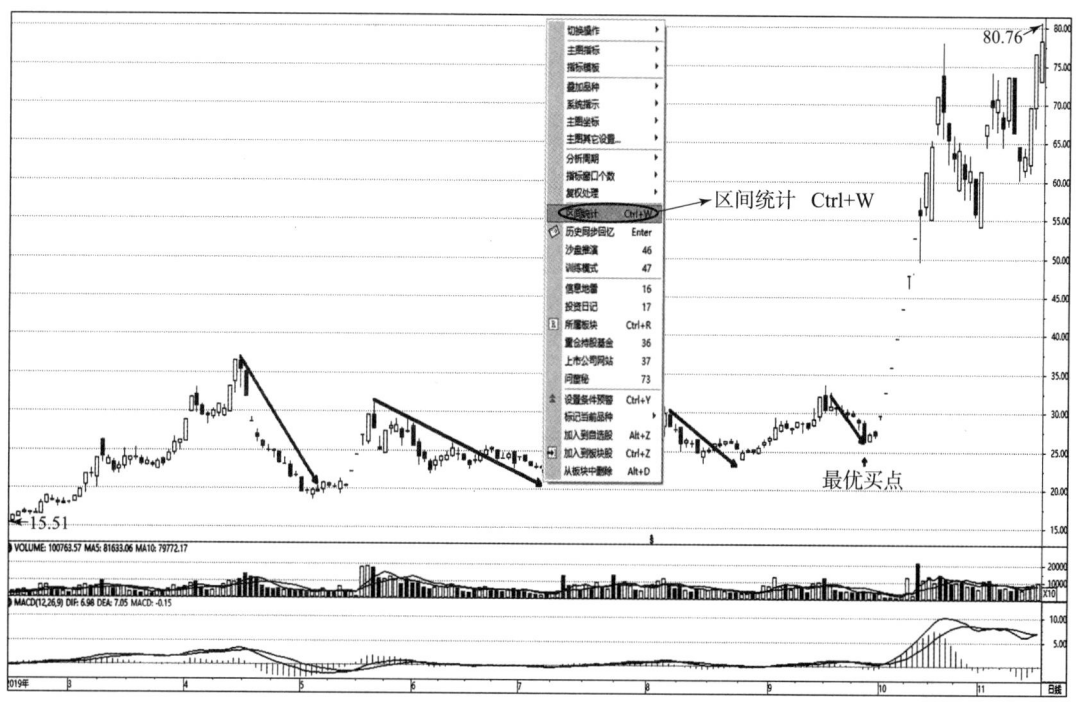

图 11-5　区间统计示意

预估主升浪高度是为实盘时提供决策参考，一般当股价拉升至预估高度附近时，操盘时就要特别谨慎。但上文也提及，主升浪卖点出现时该卖就卖是唯一正确的操作。那么主升浪卖点如何判断，主升浪卖点出现时有什么特征呢？

请看下一节。

第二节　结构破坏

当主升浪结束时，一定要清楚自己所处的位置，这真的太重要了，对中小投资者来说，一定要认真识别大资金的真实意图。当主升浪终结之时，后续跌幅往往巨大，而且主升浪出货环节之后，后续很多时候都是漫长的阴跌之路，调整的空间大、时间长，这事绝对很惨。所以，认真识别主升浪终结位置非常重要。

主升浪一旦结束，判断主升浪终结有3个重要的技术标准（即3个破坏）：技术结构破坏；时间结构破坏；空间结构破坏。

（1）技术结构破坏。

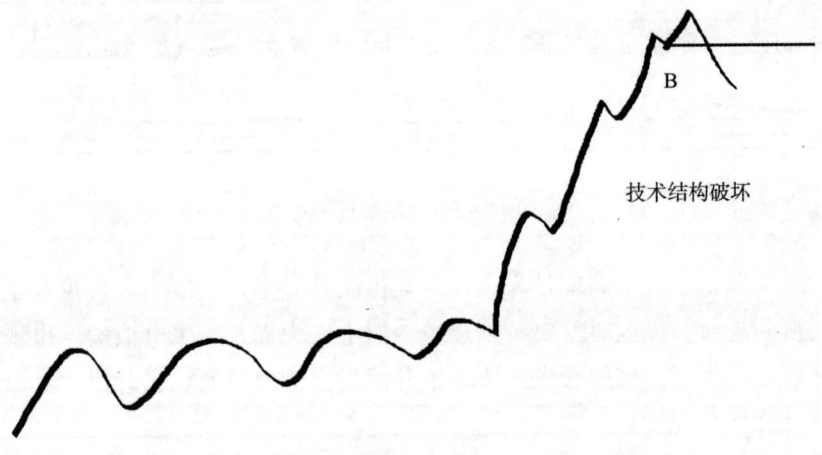

图11-6　技术结构破坏

当股价跌破前一波上涨的低点时，称之为技术结构破坏。深究一下，技术结构破坏对股价之所以如此重要，是因为前一波上涨的低点是大资金新一轮拉升的最低成本，跌破了此低点则意味着大资金已经无心恋战，无心恋战的结果可能就是要撤离。

跌破技术结构破坏点意味着主升浪很可能已经终结，这时别想着补仓或抄底的美事了，贪念之下很容易犯傻，主升浪终结之后很可能将是漫长的下跌趋势，如图11-7所示。

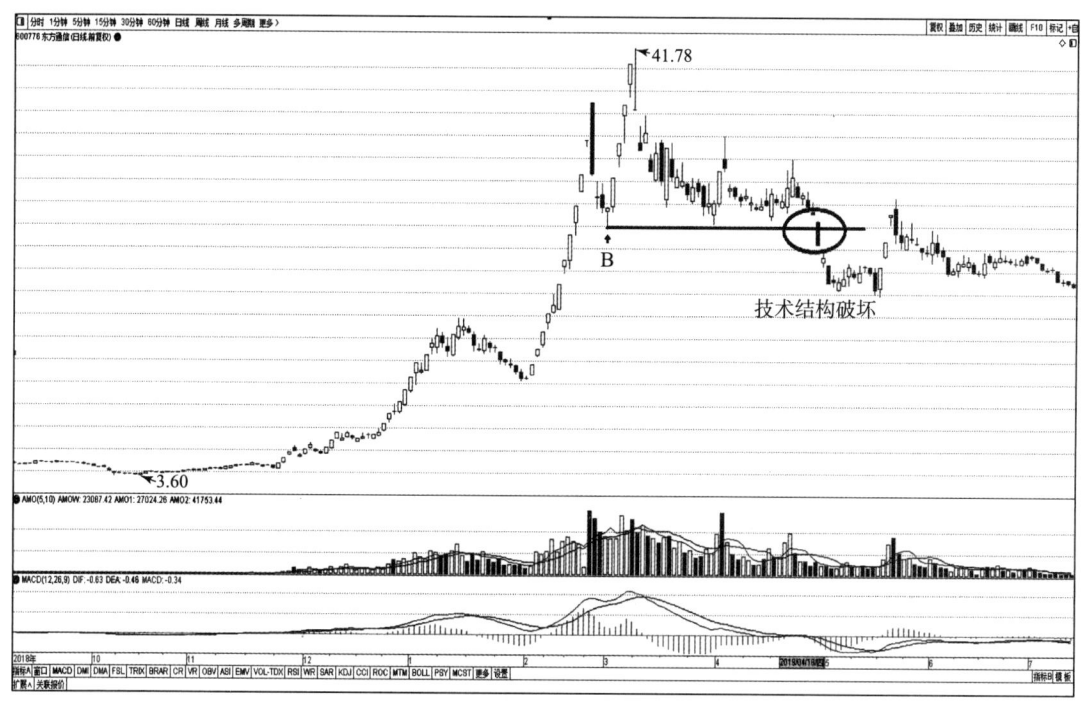

图11-7　东方通信（600776）日线

（2）时间结构破坏。

主升浪上涨的调整时间一般表现为时间调整递减式，这种时间结构一旦出现破坏，那主升浪很有可能已经终结。

如图11-8所示，若调整的时间A＞B＞C＜D，则D部分出现了时间结构破坏，此时主升浪行情可能已经终结。

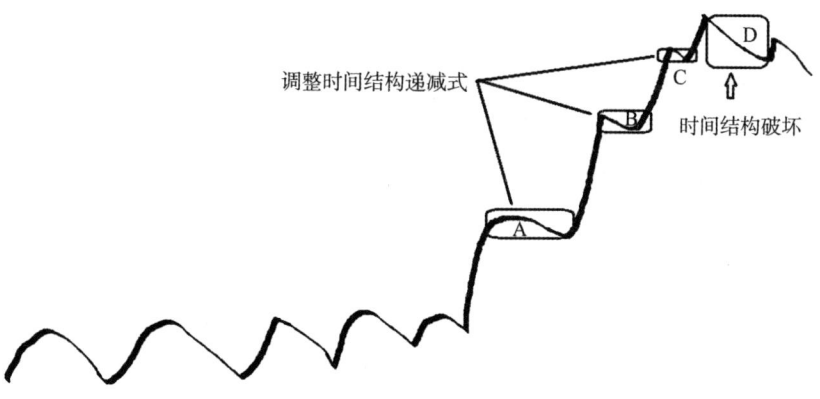

图11-8　时间结构破坏

细究下,在主升浪行情进行中,上涨时的调整时间一般会越来越短,这也是为什么从A到C时间逐渐变短的原因。这是多方趋势力道强化的结果,而D部分调整的时间变长则意味着空方力道加强,趋势出现了逆转。

如图11-9所示,为华谊兄弟(300027)日线走势,主升浪走势出现了时间结构破坏,请读者自己看图分析一下。

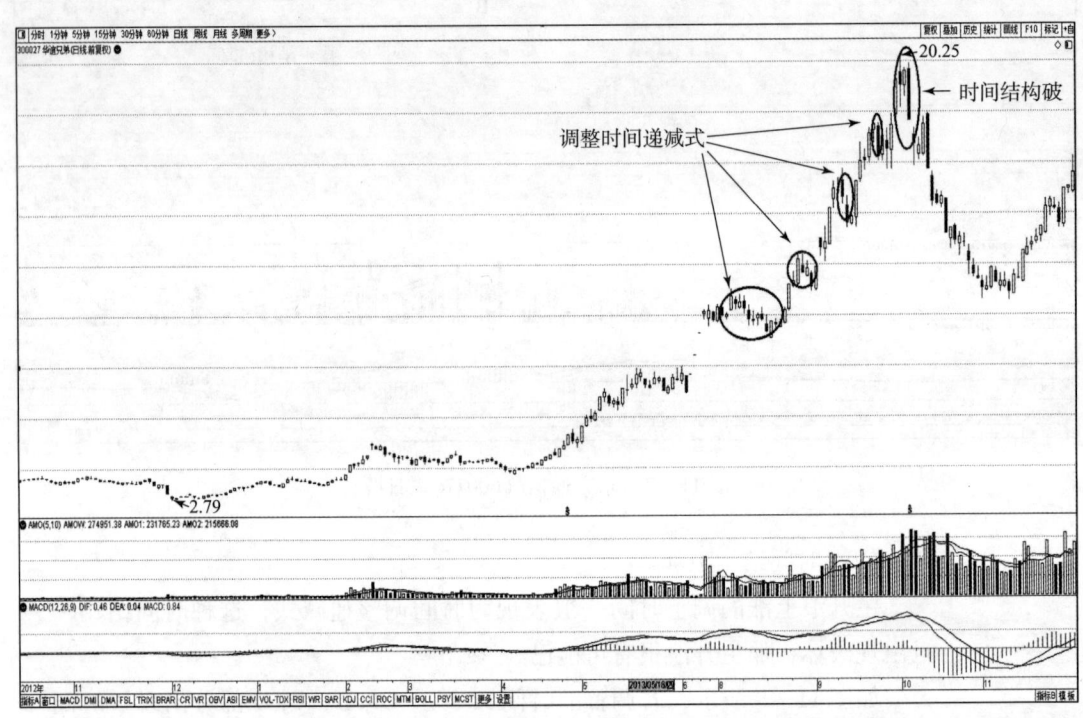

图11-9 华谊兄弟(300027)日线走势

(3)空间结构破坏。

主升浪的调整不同于一般走势的调整,其波段调整幅度大多数小于30%,如果调整幅度大于50%,称之为空间结构破坏,这意味着主升浪行情很可能已经结束。如图11-10所示的C_1调整幅度显然已经大于C拉升的50%,此时主升浪行情很可能已经终结。

图11-11为东方财富(300059)日线图,看图自己分析时间结构破坏点。

第十一章 主升浪之终结

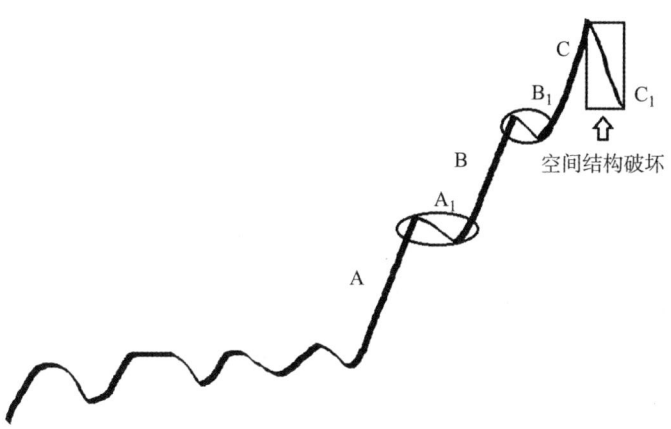

图 11-10 空间结构破坏

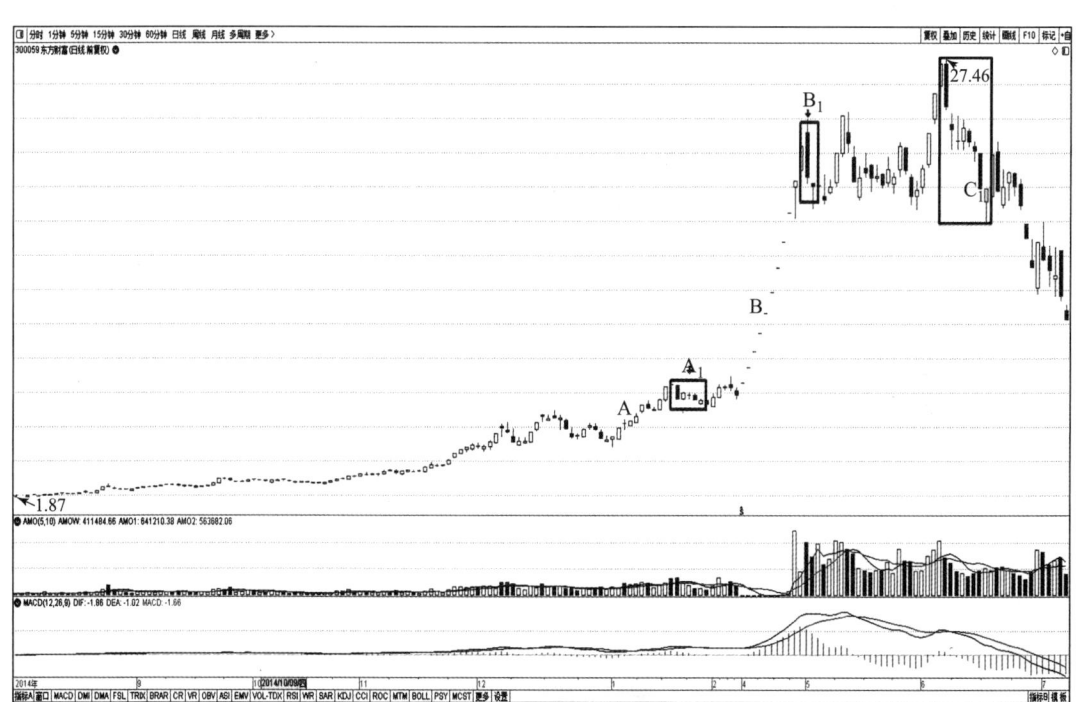

图 11-11 东方财富（300059）日线

第三节 放量暴跌

对主升浪结构的个股来说，由于主力筹码非常多，所以当主升浪行情终结时，几乎没有任何例外，通常都会出现暴跌。对主力来说，最后还是要靠放量暴跌来完成出货，所以当放量暴跌出现时，一定要特别谨慎，要心里好好琢磨一下主升浪行情是否已经终结。

如图 11-12 所示，西藏药业（600211）在股价冲击高点后，第 1 根是放量跌停大阴线，量能极其大，约是前面涨停 K 线的 2 倍，第 2 根、第 3 根 K 线也是放量跌停 K 线，5 个交易日出现了 3 根放量跌停 K 线，这是合理的调整还是主升浪已经终结？即便不知道，第 3 根跌停 K 线跌停时也要

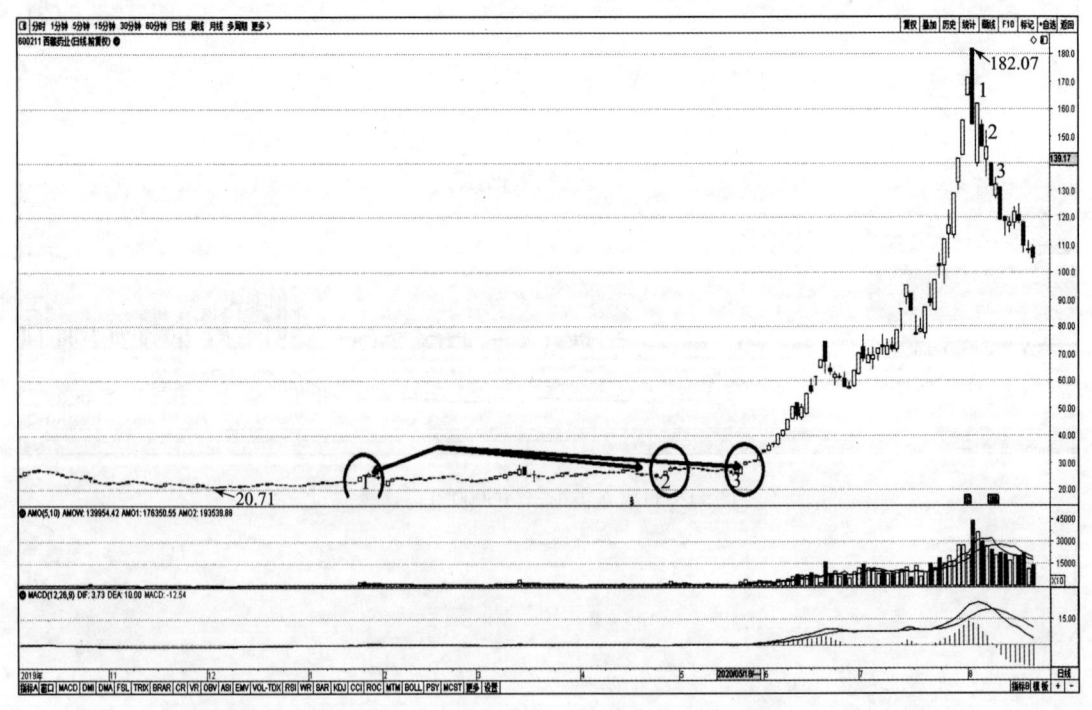

图 11-12 西藏药业（600211）日线与放量跌停

谨慎处理,因为主升浪行情存在着结束的可能,这种情况下,一般至少要先减掉一半以上的仓位。

如果图11-12的判断难度较大,那图11-13走势就相对简单一些。如图11-13所示,三处放量暴跌的阴线已将主力的意图彻底暴露,主力疯狂卸货迹象明显,这基本意味着主升浪行情已经彻底结束,这时内心不能再有丝毫犹豫,清掉仓位是最正确的决策。

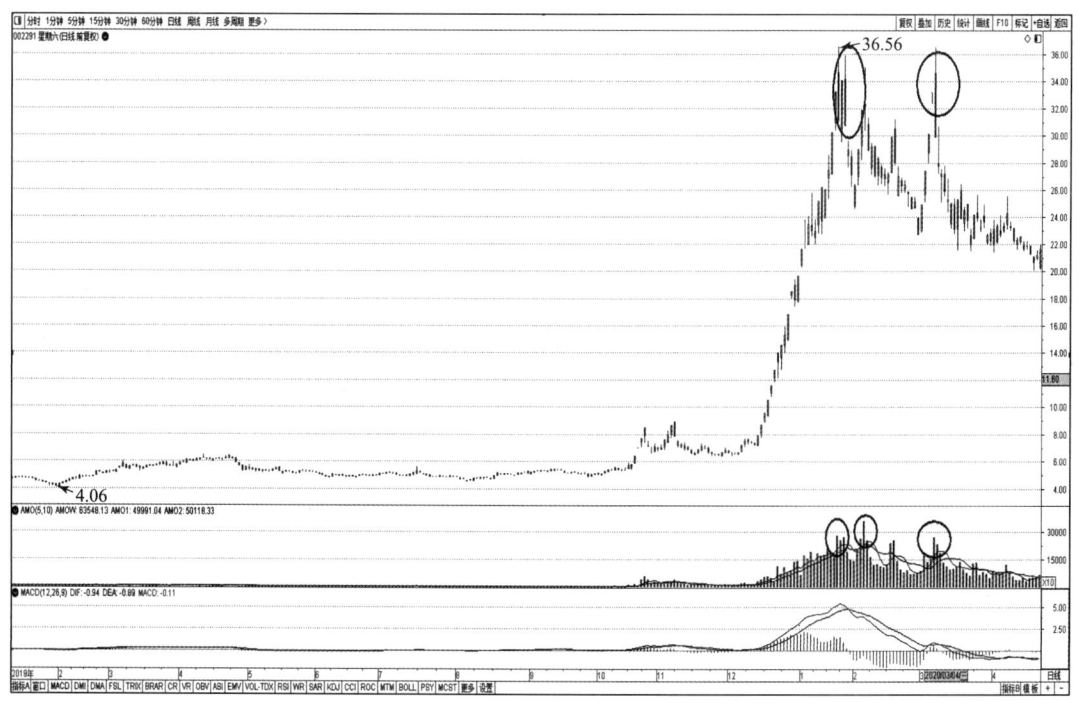

图11-13 星期六(002291)

在实盘操作时,一定要保持意识的高度清醒,一定要有大的视野和格局,一定要有大局观和全局观,一定要从大资金的角度去考虑问题;不要只看K线,要看清楚K线的资金运动轨迹,看清楚资金背后的人;切忌频繁操作,特别是短线、分时上高频率操作,那样容易让思维陷入混沌之中,当思维混沌不清时,操盘便容易出现小赢大赔的结果。

所以,当意识到主升浪行情已经终结时,清掉仓位,停止任何无意义的短线操作是智者的选择。

第十二章

全局尽在掌握

建立对主升浪走势的整体感，以求从整体格局来悟透主升浪的奥义，这一点绝对重要。能辨析个别主升浪异变走势也很重要。正奇相得益彰，从而让一切尽在掌握之中。

第一节 最强节奏感

文字只是符号，看完了书只是读完了文字符号，这是浅显的理解，真正的理解是什么呢？真正的理解就是"会其意而忘其形"，领悟透了书中的奥义而不执着于书中的文字才是真懂。这一节就是帮大家建立对主升浪走势的整体感，以求从整体格局来悟透主升浪的奥义。

从主升浪整体走势上看，其具有极强的节奏感，这种节奏感伴随着主升浪的整个过程。

（1）建仓后的主升浪走势低点逐渐抬高，高点逐渐抬高，走势呈"节节高、向上奔跑"型，如图12-1至12-3所示。

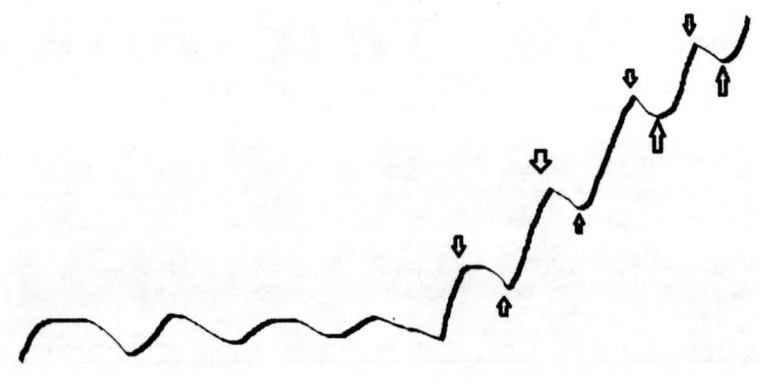

图12-1 一浪更比一浪高

这种节节高、奔跑型是进入主升浪走势后最重要的特点，几乎绝大部分主升浪个股都具有这种特点。其姿态非常优美，具有极强的节奏感。

（2）上涨放量，下跌缩量，量能起起伏伏，律动感极强，如图12-4至图12-6所示。

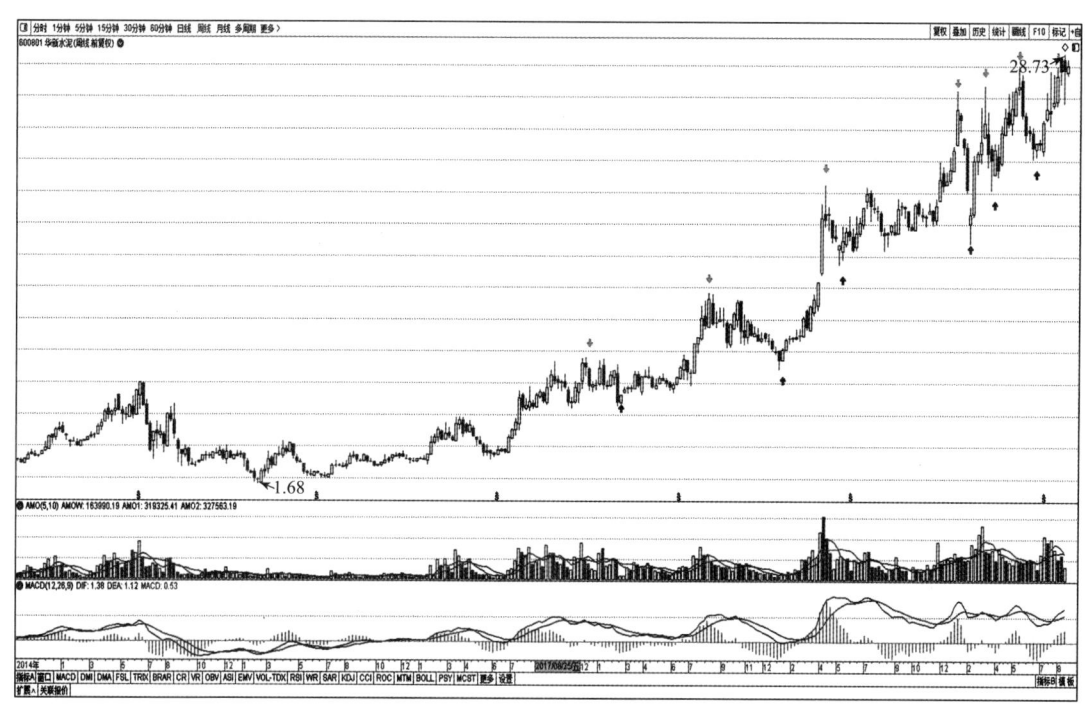

图 12-2 华新水泥（600801）周线：节节高走势型

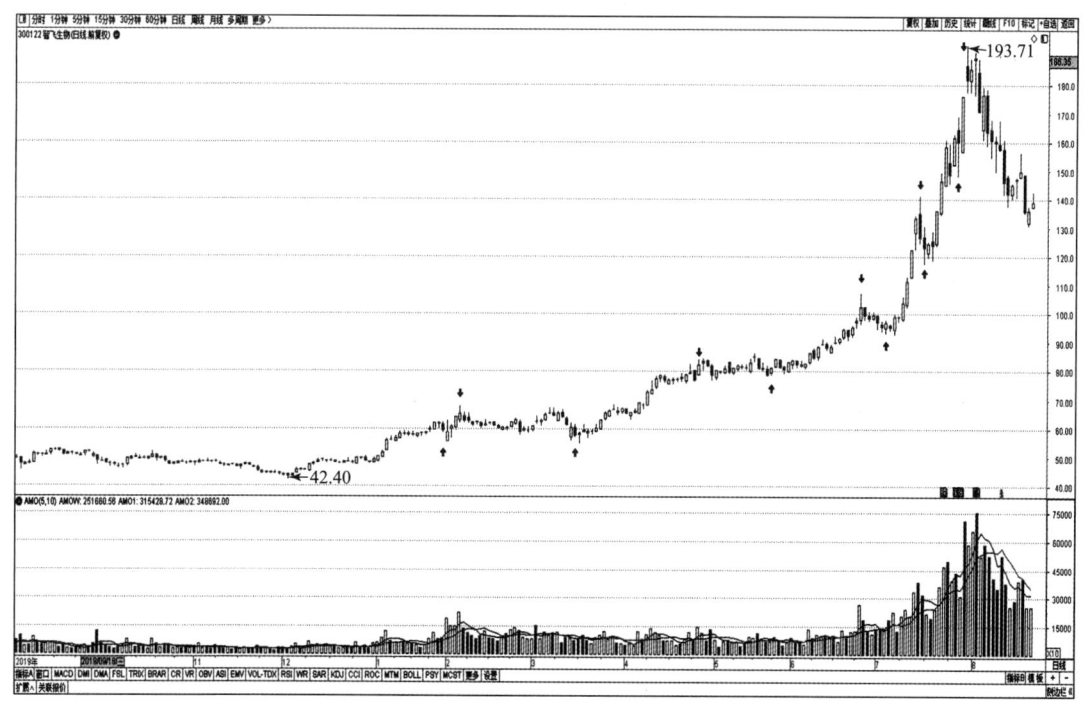

图 12-3 智飞生物（300122）日线：节节高奔跑型

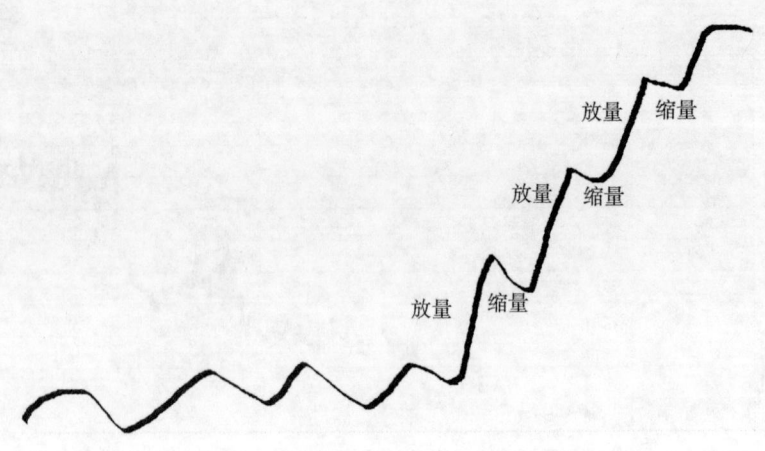

图 12-4 量能律动走势结构

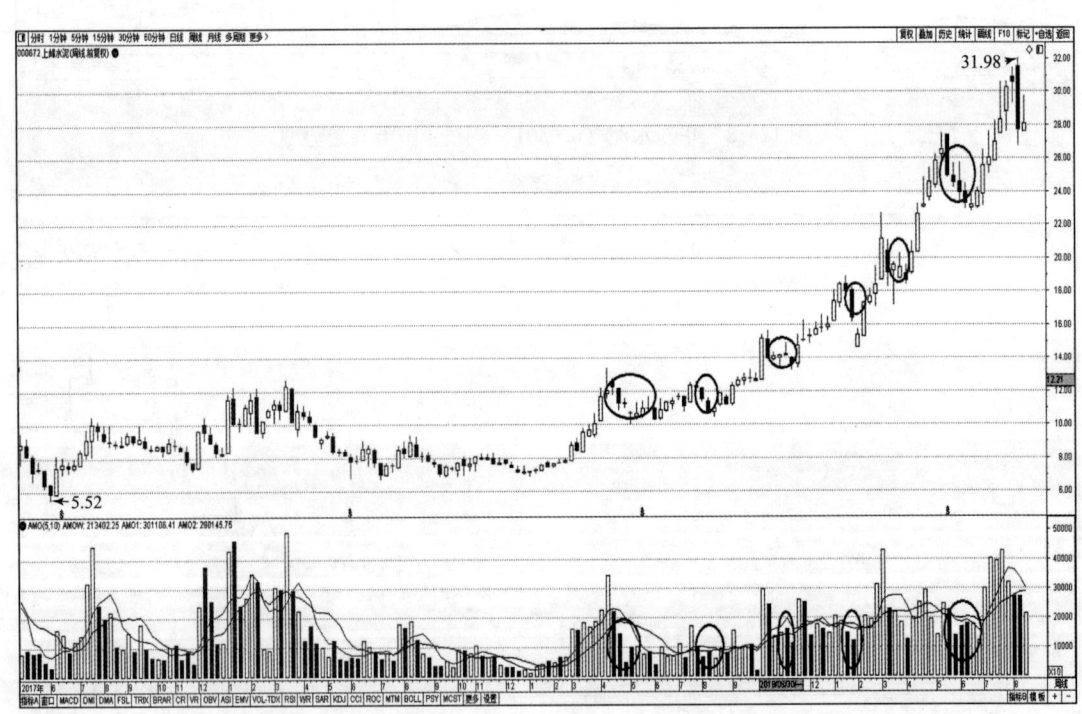

图 12-5 上峰水泥（000672）周线：量能律动走势

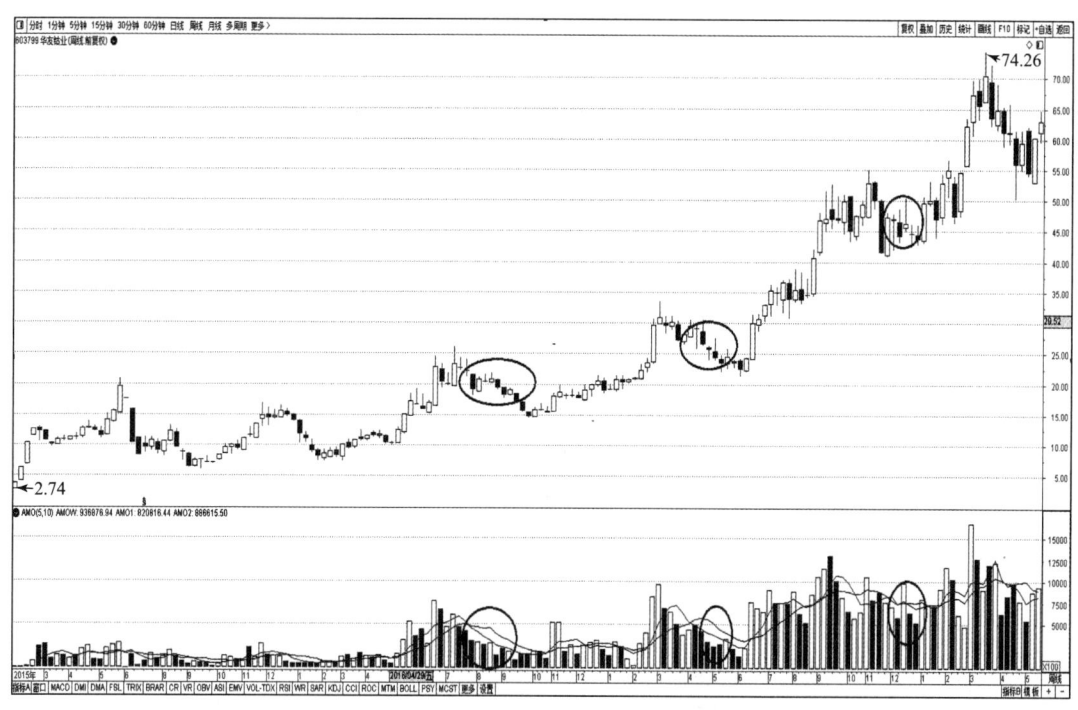

图 12-6 华友钴业（603799）周线：量能律动走势

主升浪走势大部分会出现上涨放量、调整缩量的律动节奏，这是给人的整体感觉，即节奏感很强。深究的话，这可能也是大资金控盘的必然结果，如果细细体味这种律动走势，美妙得很。

（3）主升浪结构的复制。

从主升浪走势结构上看，相近的主升段 A_1、A_2、A_3 在结构上很相似，很像复制、粘贴，而相近的调整走势 B_1 和 B_2 也很像复制、粘贴，如图 12-7 所示。注意，这种情况不是指所有的主升浪个股，只是部分，可能仅有约

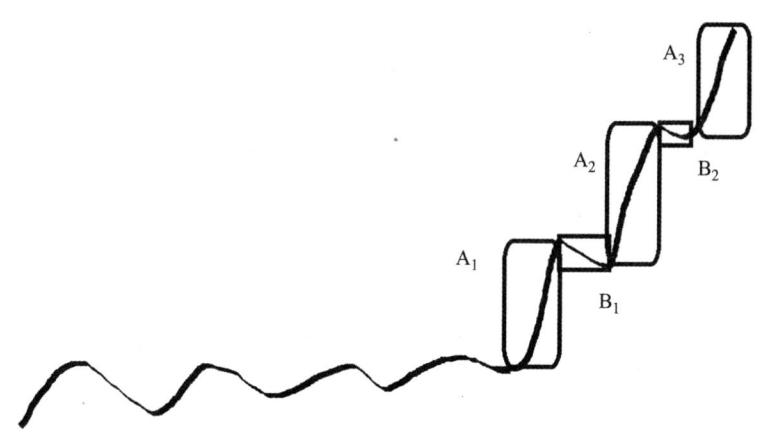

图 12-7 主升浪结构的复制

50%，但这已经算是不小的比例了，这里可做操盘时的一种参考。这种复制其实是更强的一种节奏感，如同一个人在不同的位置跳舞一般。

三处矩形位置的拉升结构，如果用放大镜观察一下，那真的是太像了，如图12-8所示。

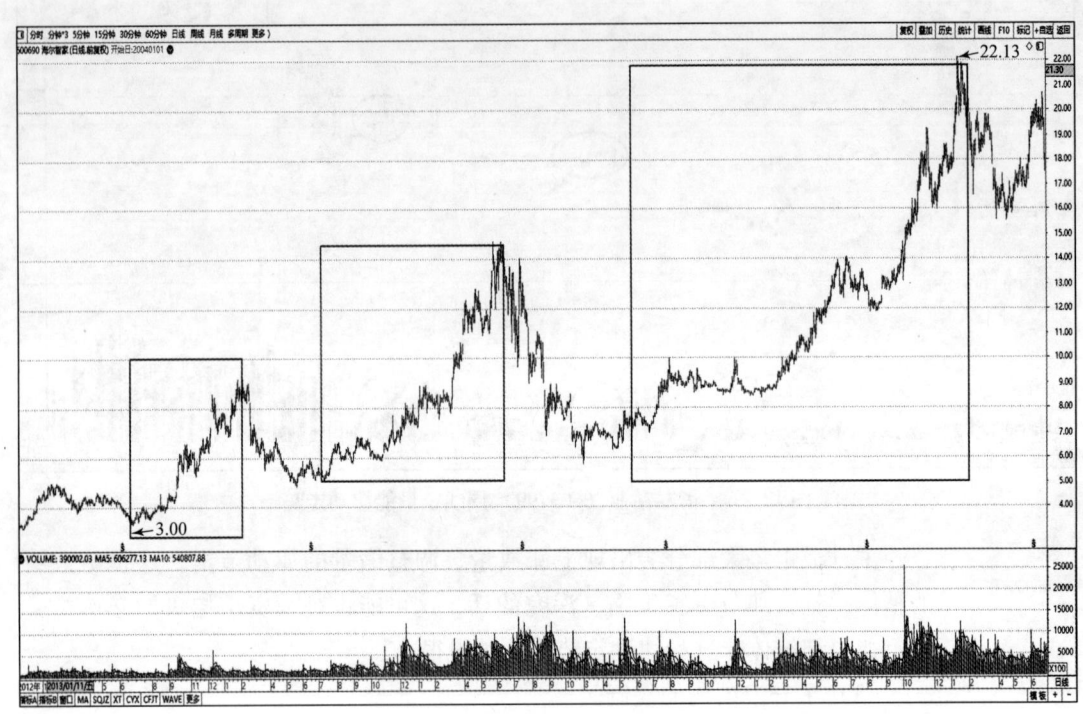

图12-8 海尔智家（600690）日线：结构的复制

如图12-9所示，三处拉升位置 A_1、A_2、A_3 内部的走势结构也极为相似，而调整位置 B、B_1、B_2 都是类似的3浪型的调整结构。

其实不仅如此，有些个股往往隔几年就会来一次大力度的拉升，其拉升的内部结构甚至涨停K线的数量都接近一致，也就是说相隔数年的主升浪走势也可能存在结构复制那样的情况。该如何理解这事呢？

深究一下，操盘手也是人，而人的思维模式、行为模式在一定时间段内存在连续性和稳定性，所以操盘手在操盘、控盘时就不可避免地采用相同的方式来做盘，相同方式做盘的结构就是相邻的走势看起来会非常相像，这也就是为什么时间相隔越近的走势越容易出现结构类似的深层次原因，这可能连操盘手本身都未曾觉察。有时研究股票走势时还是要多研究隐藏在K线背后的人。

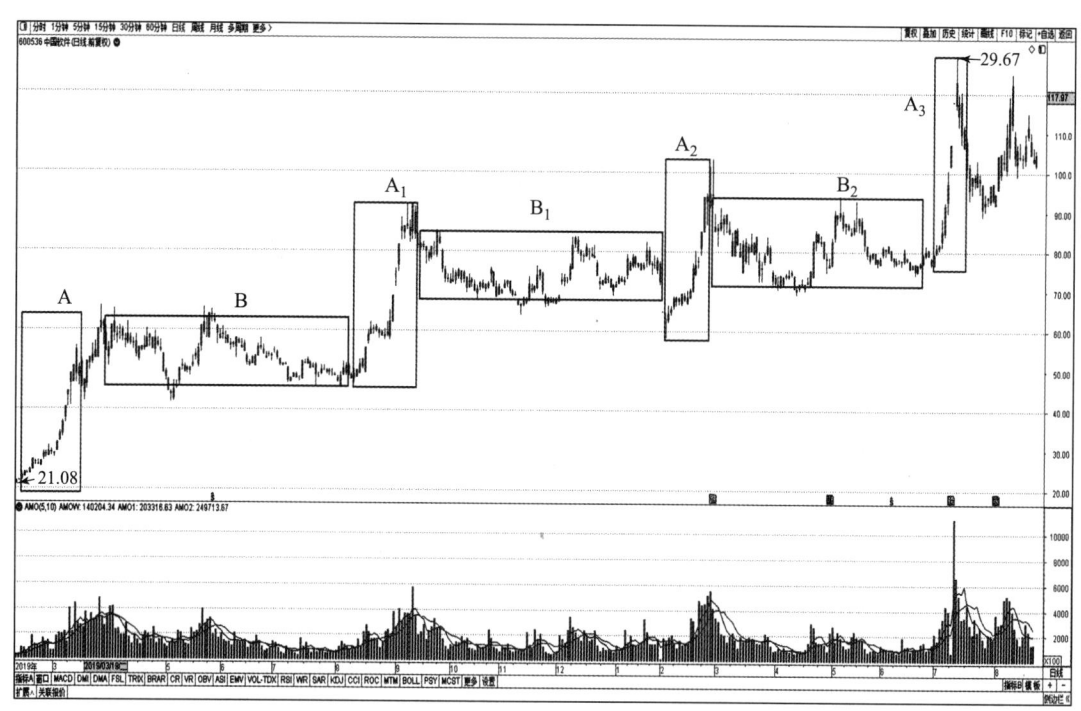

图 12-9 中国软件（600536）日线：结构的复制

（4）时间结构的律动。

主升浪有两种常见的调整的时间结构：一种是调整时间平行结构，也就是说每次调整的时间近乎相同；另一种是调整时间递减结构，也就是调整的时间越来越短。

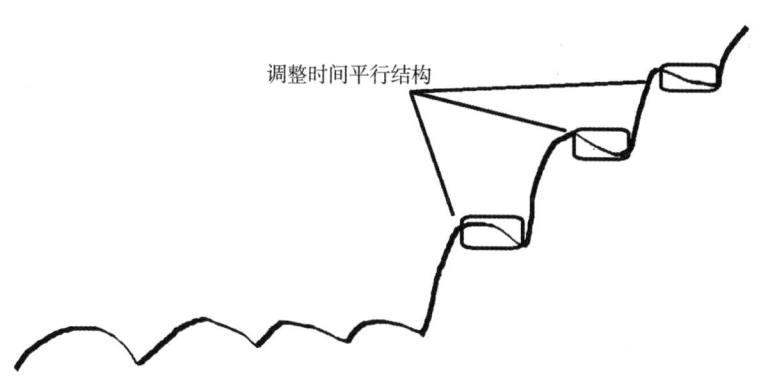

图 12-10 调整时间平行结构

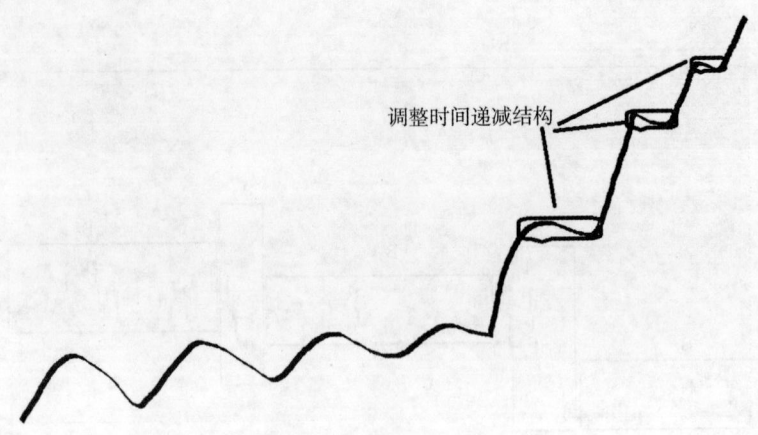

图 12-11　调整时间递减结构

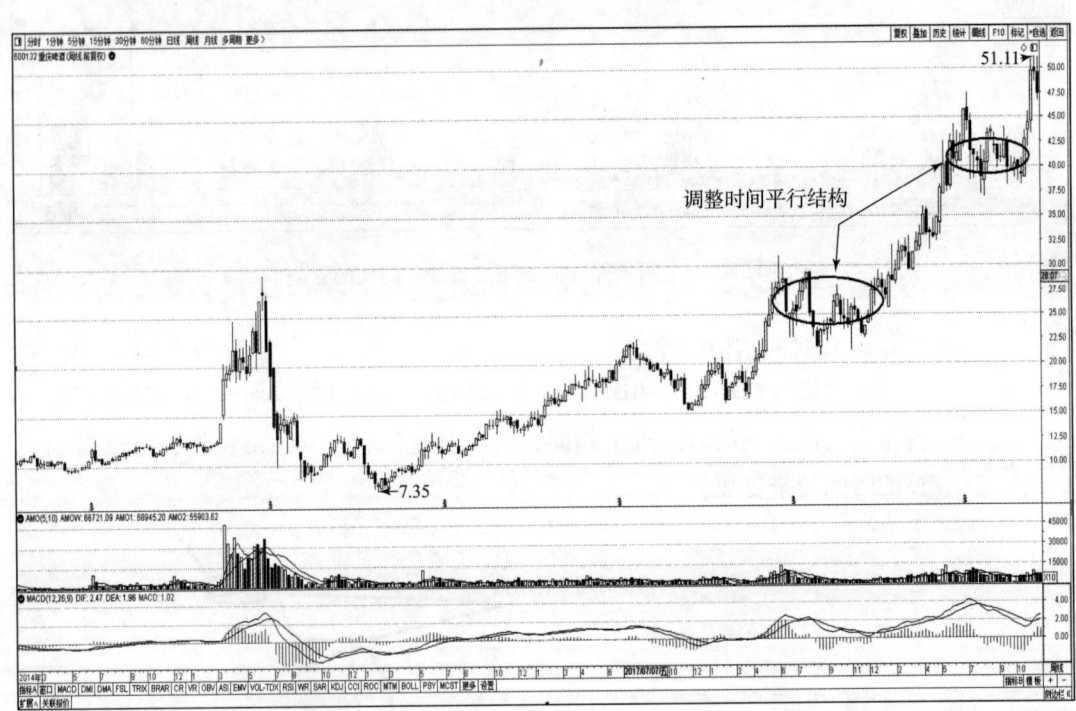

图 12-12　重庆啤酒（600132）周线：调整时间平行结构

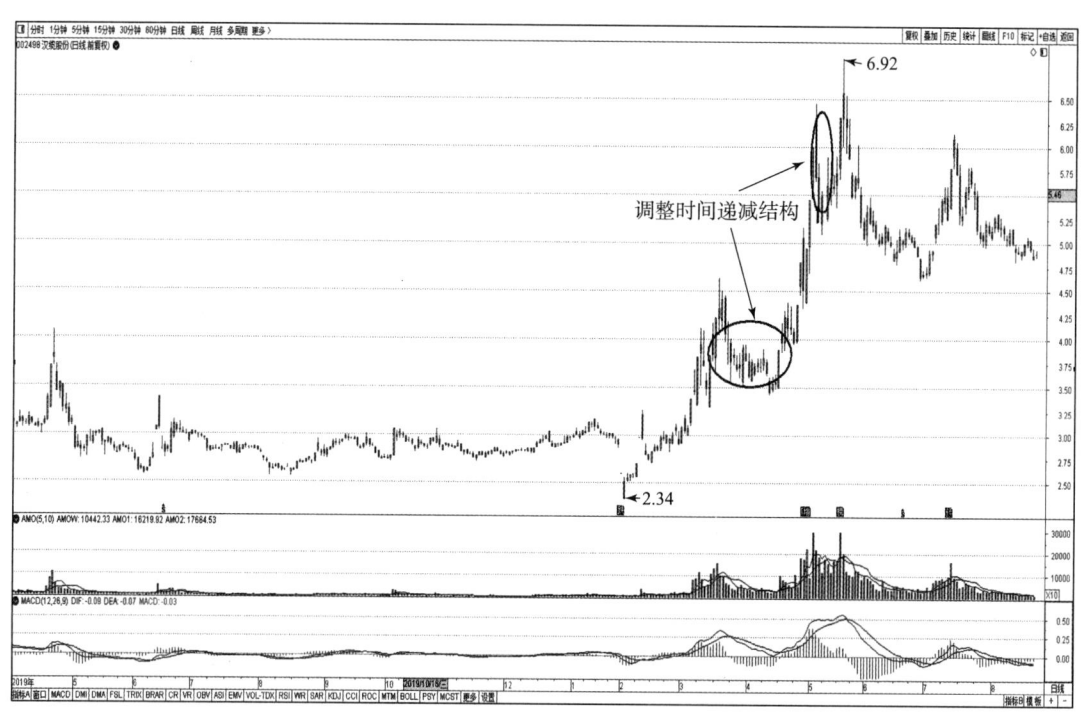

图 12-13 汉缆股份（002498）日线：调整时间递减结构

不过操盘时可能会对这两种时间结构产生疑惑，主要问题可能是对调整的级别没识别清晰，另外系统突发的调整也可能会对调整的时间结构产生影响，这在《赢家之道》后续作品中做进一步的详细分析。

这一节希望能帮助读者朋友进一步领悟和把握对主升浪走势的整体感觉，希望能把对主升浪的表面理解提升为实盘时的直接感受，只有直接感受才能更勇猛地应对走势，才能让一切尽在掌握，这很重要。

第二节　花儿别样红

四季轮回春常在，自有花儿别样红。

股市走势并不是千篇一律的，个别主升浪股票走势的某些环节（如建仓结构、主升段走势、调整结构等）跟本书前述章节讲解的可能不一样，但主升浪的高度依然可观，这样看似很特别的"花儿"也盛开得非常娇艳，对这样的个别"花儿"要认真分析。

比如建仓结构、主升走势阶段，通常是上涨放量、下跌缩量的走势，但这种量能结构可能在某一时段出现变异，导致这种变异情况的原因很多。例如，大盘暴跌会造成抛压的加大；限售股解禁、定增股开始流通、大股东减持、可转债转股等，都会增加股票供给的数量，从而造成建仓时、主升走失时出现调整放量的情况，这是特定原因造成的，并不是股票走势的常态，对这种具体情况一定要具体分析。

比如个股常态建仓走势一般是律动逐渐收窄至极致，然后启动主升浪，但如果遇到大盘暴跌的情况，就会出现图12-14所示椭圆处的异变情况，

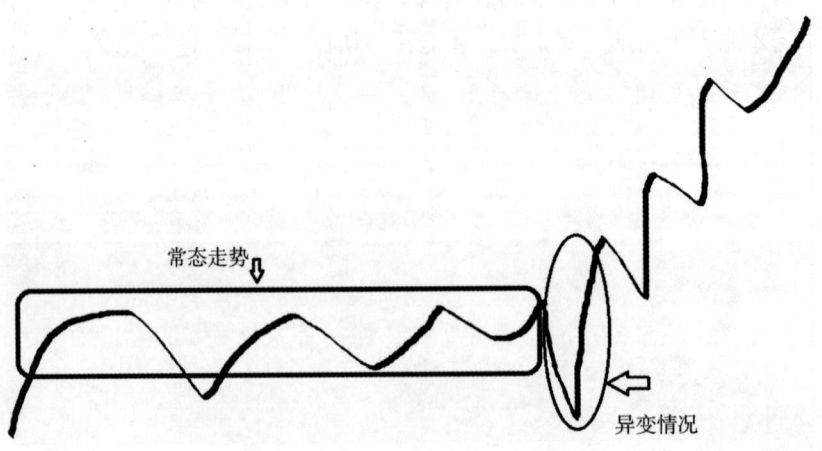

图12-14　特例示意

从而让建仓结构出现不合常理的走势,这时要具体分析。2020年3月,一些个股就出现了类似的建仓结构,这是系统原因导致的特殊案例,并不能作为常态理解。

千禾味业(603027)由于可转债转股等原因叠加,造成了流通盘供给的激增,从而出现了调整放量的情况,如图12-15所示。这不是常态,这时冷静观察一段时间,只要市场消化了供给的股票,那上涨很可能会继续。

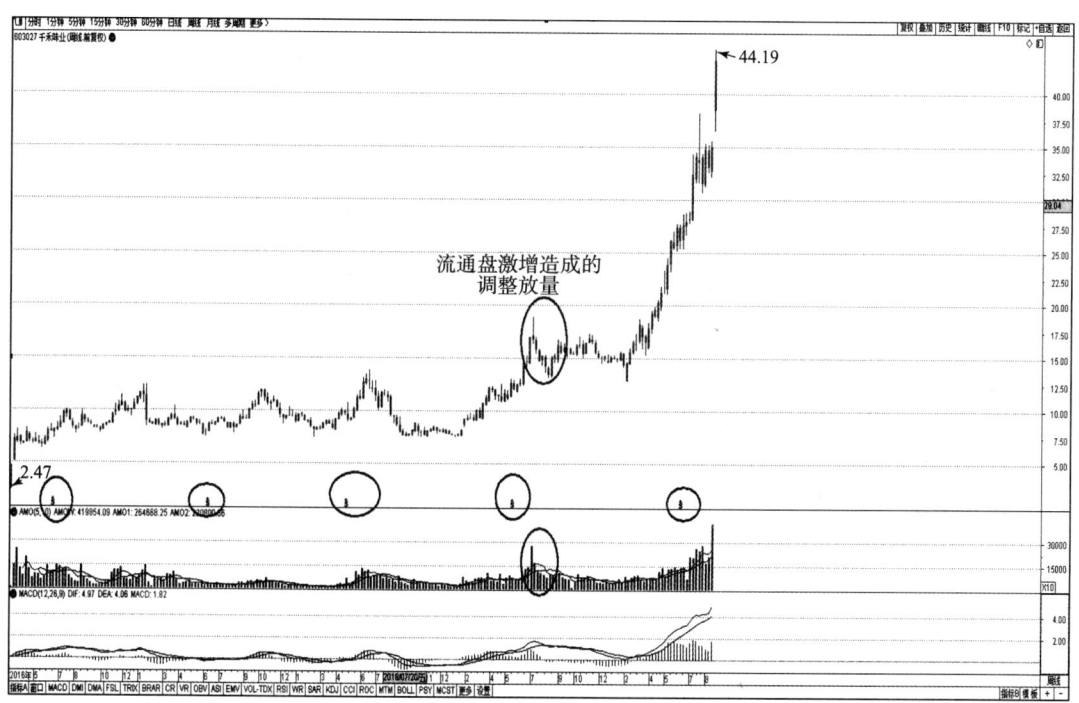

图12-15 千禾味业(603027)

再比如大盘调整时间相比前一次变长,这就会对一些主升浪个股调整的时间结构造成影响,从而使调整递减时间结构(或调整平行时间结构)出现异变,如图12-16所示。

技术分析最核心的是心理因素,对出现的个别情况要冷静下来具体分析。对主升浪战法要坚定信心,信心坚定才能应对刚猛,勇敢和自信会让交易者变得更加强大。

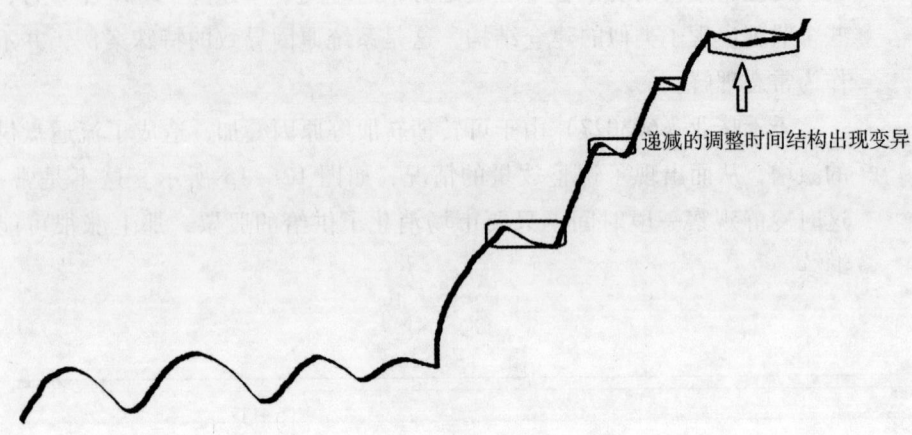

图 12-16 递减调整时间结构的异变

第十三章
交易心理强化

交易心理是技术分析最核心的要素。交易者足够勇敢和务实是交易心理成熟的主要标志，它将极大提高交易者盈利的成功率。

第一节 勇敢

交易中最应具有的基本品质是勇敢,勇敢是内心无任何恐惧、敢于面对一切走势的勇气,勇敢是该买时敢买、该卖时敢卖的果敢自信,勇敢是面对涨跌均心如止水般的冷静沉稳,勇敢是到点看盘、收盘就收心的豁达从容。

不要带着恐惧心理去交易,当有着恐惧心理交易时,就会出现这样的情况:担心卖了涨,害怕买了跌,涨时拿不住,跌时手无措。

如果有这样的交易心理,内心被恐惧和担忧笼罩,那可以这么说:你从一开始就注定要赔钱的,六神无主的人难道股市会眷顾你?股市从来只垂青强者。

在平时的交易中,一定要养成果敢的习惯,尽量不要去看股吧评论、媒体股评等,有些高位股、退市股当初不都被一些媒体吹的花儿一般美好嘛,到头来却成了镜花水月。股票涨的时候都是万鼓擂,股票跌的时候都是千人啐,这股市中你能相信谁?股市最可以相信的人就是你自己,这就是真理,自信才能滋生出勇敢,而勇敢的人会更加镇静、更能看清楚自己。

当你坐在计算机旁看盘时,心理要像山一般冷静坚定,市场情绪高涨时你能嗅出风险,市场情绪恐慌时你能识别出机会;你足够勇敢,你不再被自己的恐慌和贪婪左右,任何市场情绪的波动都会被你轻松驾驭,从而成为机会。

这一节写的如同散文一般,但绝不是说教,一般的交易技术三五天可能就能学会,而交易心理的成熟可能需要三五年甚至更长的时间,而交易心理的成熟要从勇敢开始。

第二节　务实

股市操作一定要务实、一定要清醒。一些精明人容易在股市中犯傻的主要原因就是习惯了预测，并认为市场走势一定会印证自己的预测，如若不然，那肯定是市场错了。可问题是市场走势有错的时候吗？从来都没有。

当你认为市场会涨时，市场却在下跌。你认为市场错了，肯定还会涨。当股市继续下跌时，你不是关心当下市场的走势，而是到处搜索消息、找寻利好以支持你的看法。而市场一直在跌，直至你被套死。记住，人没有自信不行，但太过自信也不行，人一定要务实，当下市场下跌那就是下跌，你要做的是先出来，直至市场走势出现转折时再入场，不要太固执，这种固执很浪费金钱。

股市涨的时候也要务实，不要天天想股票涨势很好，没到顶……也不要因为踏空了整天想着要调整，不要因为持股时恐慌而担心顶部随时会出现，放宽心，市场走势没出现转折时，谁知道会涨到哪里去。

务实就是要在股市中以实际走势为根本，丢掉幻想、丢弃臆断。要尽量尝试着和市场实际盘面强弱、实际走势融为一体，将务实做到极致，在股市中务实的人才能成功。

做主升浪时也是如此。一定要务实，务实就是一定要认清股价所处的位置从而做出合理的操盘决策，不能一涨就想着百倍受益，不能一跌就恐惧跌至深渊，一切应以实际走势为本。

后　　记

　　我大学时代的恩师曾亲自撕毁了自己所写的50多万字的书稿，这么多年来我时刻以此提醒自己，有些事需要用心去做。本书历经数载、多次修改，倾注了本人很多心血，但书的好坏自有读者去评价，我不可妄言。

　　重剑无锋，在绝对力量面前所有的花招技巧都不堪一击。知道技术分析的中小投资者甚多，然能善用者甚少，究其理，除跟所读之书的品质有关系外，其问题症结出多在心理层面：浅尝辄止未能真正掌握，以至于谈起来头头是道，但操作起来一塌糊涂，这是心有疑惑、自信未能真正建立起来的必然结果。本书在主升浪操盘难点及关键所在之处着力下笔、重墨分解，细究、深究以便能让读者朋友深明其理，把疑惑讲明、把道理讲透，力求读懂之后便能建立起坚不可摧的自信，操盘时必然会气定神闲，恐慌、混乱的操盘状态一去不返。《赢家之道3——主升浪战法》就是笔者想着力打造的这样一把"重剑"，一把拥有绝对力量、披荆斩棘、无往不胜的"重剑"。

　　最后感谢地震出版社的编审和编辑老师们，他们是我生命中的贵人，没有他们的支持和帮助就没有《赢家之道》系列书籍的出版。

　　谢谢读者朋友们的支持，祝朋友们投资顺利！

郑重声明

　　本人"赢家之道"系列书籍（《赢家之道——涨停板战法与分时战法》《赢家之道2——底与顶》）所提到的各公益读者群一直坚持无偿、公益的原则为读者朋友服务，现在各公益读者群的使命已经完成了，其中QQ群号为198237093的原公益读者群为他人建立，本人已于2016年3月11日将该群归还他人，本人也已于2016年3月11日退出该群，该群已非《赢家之道》系列书籍的公益读者群，该群以后发生的任何事情都与本人无关，也与本人所著《赢家之道》系列书籍无关，请读者朋友相互转告。《赢家之道》系列书籍所提到的其他公益读者群也已经解散；《赢家之道》系列书籍已不存在公益读者群，请读者朋友们谨防上当受骗。

　　《赢家之道》系列书籍出版后，有人冒充本人行骗，这里重申一下，本人唯一联系方式是610211951（QQ号）。此外，本人不接受大资金运作、不接受代客理财、不招收会员，凡是主动打着本人名号联系大家的都是骗子，请读者朋友们谨防不法之徒，以免上当受骗。